A New Paradigm in Higher Education:

Service-Learning in China

高等教育新思维：

中国特色的服务研习

马学嘉　陈章明
刘　诚　麦梅芳　主编

社会科学文献出版社
SSAP SOCIAL SCIENCES ACADEMIC PRESS (CHINA)

内容提要

“服务研习”是一种把学术理论及社区义务工作合二为一的新型教学法。透过学校与社区的合作，为学生提供不同类型的社会服务机会，鼓励学生在服务中体验，将课堂知识应用于实际，独立思考及深入反思。这不仅能深化学生对课堂上学到的知识的理解，为学生提供全人发展的学习环境，也能满足社区需求，加强大学与社区之间互惠互助的友好合作关系。学生在追求学术成就的同时，也培养了关怀弱势社群、关心了解社会动态及终身服务社会的态度。

本书介绍了服务研习的理念与发展，详细阐述了服务研习如何与高校的教育理念和宗旨紧密结合，促进高校发展；多家内地大学与香港岭南大学合作开展的服务研习试点项目也被纳入书中，作为案例分享；最后展望具有中国特色的服务研习如何在高等教育界持续发展。

本书是第一本针对内地高校开展服务研习的参考书，在分析理论的同时，也给出具体的操作流程、案例分享，具有很强的实用性和操作性。

序

岭南大学郑国汉校长

岭南大学作为香港政府指定的一所博雅大学，致力于提供优质教育，并培养学生明辨是非、关怀他人的人文特质，使其成为具有责任感的世界公民。我校秉承“作育英才，服务社会”的校训，向来积极鼓励学生参与社会服务。更在 2006 年成立服务研习处，结合教学与服务，采用与社福机构、企业和政府部门等社区伙伴的跨界合作模式，让学生走出校园学习，运用知识服务香港以至世界各地的社群。自 2016 ~ 2017 学年起，岭南大学亦将把参与服务研习列为本科生的一项毕业要求，期望透过“服务促学，学以服务”的精神，让学生成为知识的创造者。

长期以来，岭南大学不仅在香港本地的服务研习领域起到领导作用，也担当着服务研习亚洲网络秘书处的要职，大力推动服务研习在亚太地区的实践。近年来，我们更是积极将服务研习推广到中国内地。从 2012 年开始，岭南大学服务研习处组织开展了“中国服务研习推广计划”，为内地高校介绍服务研习理念、提供教师培训并资助他们开展“服务研习试点项目”，多所院校师生热情参与。

中国地大物博，高校众多。《高等教育新思维：中国特色的服务研习》一书的出版将会更好地为内地广大高校提供服务研习的信息及其发展的指导。本书详细阐述了服务研习如何与内地高等教育理念挂钩，推动当代的教育改革；深入讨论了具有中国特色的服务研习如何在高等教育界持续发展。在此也特别感谢中山大学、广西医科大学、汕头大学、华南理工大学、华南师范大学、北京师范大学－香港浸会大学联合国际学院以及珠海城市职业技术学院，他们将其与我校合作开展的服务研习试点项目作为案例分享，使这本书既有坚实的理论基础支持，也有较强的实用性和操作性。

作为第一本针对内地高校开展服务研习的参考书，相信此书势必会增进中国广大教育者对开展服务研习的认知，激发他们的创造力，积极寻求适合自身的开展方案。同时，在中文出版的基础上，本书也将被译成英文出版。在全球一体化的进程中，我们希望能以服务研习为桥梁促进中国教育与世界接轨，加强中西方教育界的交流和共融，让国外学者了解中国服务研习的发展模式和特色，并在中外服务研习的对比中总结经验，互相学习。让中国走向世界，让世界了解中国。

编者的话

岭南大学（以下简称岭大）作为一所“博雅教育”的学府，以“作育英才，服务社会”为校训，鼓励学生全面发展，希望学生在大学学习的同时，亦能积极参与社会事务，让自己成为一个既“博”又“雅”的学生。2004 年岭大在岭南基金会的支持下资助 20 名老师及学生出席由 The International Partnership for Service-Learning and Leadership（IPSL）于泰国举办的服务研习（Service-Learning）会议，让岭大的师生们有机会探讨服务研习的定义、推行方案及如何将服务研习融入课程当中。同年，岭大得到群芳慈善基金会的资助，首次推行以长者为本的服务研习课程。由于得到社区的正面回应，岭大于 2006 年获得梁启雄先生的 500 万港元捐款，正式成立全港第一个服务研习处。

服务研习的概念源远流长，最早可追溯至 1862 年《莫里尔法案》（Morrill Act）的签订。《莫里尔法案》的签订促成了首所农业和机械技艺经验（real life）与传统科学、典籍教育并重的学院赠地大学（Land Grant Institution，LGI）的成立。LGI 的成立，标志着“服务研习”这种理论和实践兼备的崭新的教学模式进一步得以确立。其后，随着中产阶级“服务贫困人士，创建大同”意识形态的兴起，加之社会工作培训模式的配合，实践学习渐渐得到接纳，成为今天服务研习的雏形。

虽然服务研习的理念来自西方，但亚洲地区以儒家学说为社区教育的理念，亦可成为服务研习在亚洲发展的哲学理论基础。正所谓“古之学者为己，今之学者为人”的儒家思想主张学习为人，学习就是为了服务社会和人民。学习是达致服务大众的途径，而服务亦要从个人做起，达致“修身、齐家、治国、平天下”。这些与我们中国传统的文化息息相关，如孔子的“学而时习之，不亦说乎”、朱熹的“知行并重”、王阳明的“知行合一”，以及“博学而笃志，切问而近思”等都是中国传统的学习美德。正因为中西文化及制度不同，让我们有机会发展具有中国特色的服务研习。西方的服务研习理念与中国儒家学说的结合，定能将服务研习的理论提升到更高的层次。

2004～2014 年，短短的 10 年间，以服务研习为教与学的方法在整个亚太地区被推广及应用。随着服务研习在各地的普及，服务研习计划也同时走向国际化。现时，岭大服务研习计划已被推广至澳大利亚、美国、印度、印度尼西亚、泰国等地。每两年，岭大更会联合不同的院校举行“亚太地区服务研习会议”，来自澳大利亚、英国、美国、加拿大、中国内地、中国香港、印度、印度尼西亚、日本、韩国、缅甸、菲律宾、泰国、越南等地的服务研习学者聚首一堂，共同研讨服务研习计划的推广及合作。

《高等教育新思维：中国特色的服务研习》一书将提供中国高等教育界服务研习的理论及个案分析，让更多有兴趣引进服务研习作为教与学方法的老师明白及了解如何使社区和高校联系，并互相配合，建构一个更和谐的社会。

本书亦会被翻译成英语以让其他国家的学者了解服务研习在中国的发展情况，希望他们了解到这一教与学的方法在不同文化及教育体系中的影响及发展形态，期望国与国在教学上能互相支持，为年轻人提供一个社会学习的平台，让他们更为了解社会的需要，并发挥自己的学术专长，建构一个更美好的世界。

目录

第一章　服务研习的理念与发展 / 001

第一节　服务研习的理念 / 001

第二节　服务研习在高等教育中的新思维 / 006

第三节　服务研习在中国推广的必要性 / 012

第二章　服务研习与中国高等教育的责任和宗旨 / 017

第一节　中国高等教育的宗旨和现状 / 017

第二节　服务研习与中国传统儒家思想及当代教育目标的关联性 / 024

第三节　服务研习与中国高校志愿者活动 / 032

第三章　对服务研习与当今中国高校教育理念关系的讨论 / 041

第一节　服务研习与博雅教育的关联和相互促进——以中山大学岭南（大学）学院的实践为例 / 041

第二节　对服务研习提高医学生综合素质与心理资本水平的探索性研究 / 046

第三节　公益课程：培养学生社会责任感的课程探索 / 055

第四章　中国高校服务研习案例与实践 / 063

第一节　税收宣传咨询，服务社会国家
——中山大学岭南（大学）学院“税收管理”课程服务研习项目案例 / 063

第二节　做好垃圾分类，践行公民教育
——华南理工大学垃圾分类服务学习案例 / 072

第三节　记录历史，尊重生命
——华南师范大学麻风病康复村口述史服务研习项目 / 078

第四节　环境教育，从娃娃抓起
——广西医科大学“广西少数民族地区环境教育”服务研习项目的实践与思考 / 088

第五节　学问思辨于笃行
——中山大学“公益慈善伦理与乡土文化保育”服务研习项目的思考与实践 / 095

第六节　独立课程，统筹有序
——北京师范大学－香港浸会大学联合国际学院服务学习特色 / 107

第七节　服务学习，实践育人
——珠海城市职业技术学院三板小学携幼出游项目综述 / 116

第八节　基于全校性通识教育核心课程开展的公益学习
——以中山大学“公民社会与公益慈善”课程为例 / 127

第九节　开创先锋，形式多样
——香港岭南大学服务研习计划的探讨 / 136

第五章　服务研习试点项目的总结和讨论 / 156

第一节　服务研习试点项目的成效及特色 / 156

第二节　服务研习试点项目遇到的困难及建议 / 163

附录一　香港岭南大学服务研习处－内地高校服务研习试点项目总览 / 173

附录二　中国服务研习推广计划·教职员调查问卷（前测及后测问卷内容一致） / 176

附录三　亚洲地区高等院校服务研习相关单位信息（仅为少量范例，以供参考） / 179

附录四　支持发表服务研习相关文章的学术期刊信息 / 180

参考文献 / 181

后　记 / 187

服务研习的理念与发展

第一节　服务研习的理念

一　服务研习的定义及背景

服务研习（Service-Learning）的概念的兴起源于20世纪初美国的高等教育。它是一门把学术知识及社区志愿服务合二为一的教学方法，透过学校与社区的合作，为学生提供不同类型的社会服务机会，在服务体验中鼓励学生将课堂知识应用于实际，独立思考及深入反思。通过服务研习，不仅能深化学生从书本中学习的理论知识，而且能为学生提供全人发展的学习环境，亦能满足社区需求，加强大学与社区之间互惠互助的合作关系。

服务研习强调身体力行。在深入社区、帮助别人的过程中，引发学生自我反思。通过鼓励学生主动、积极地关注社会议题，探知社区需求，帮助弱势群体，提升学生的公民意识及社会责任感。服务研习不同于一般的志愿工作，它将课堂上的理论学习和社区志愿工作紧密结合起来。学生通过服务社会的方式进行体验式学习，在实践中获得对课堂知识更为全面、深刻的理解，提高对知识灵活操作、合理运用的能力。

服务研习有别于单向的“老师教，学生学”的传统教学法，要求课程导师、学生和社区服务机构之间积极沟通、相互合作。

课程导师启发学生将理论学习与服务实践挂钩。在设计、筹备、开展服务研习活动的过程中，培养学生的主动性、创造性以及独立思考能力。课程导师和学生也需要与社区服务机构进行深入交流，确保所提供的服务项目符合社区的真实需求，尊重社区意愿及要求，切实改善社区问题。通过采用这种全面的教学模式，学校可以培养出高素质人才，学生可以实现学术水平、实践能力和德育水平多重提升的目标，社区可以借助高校及学生的力量解决自身问题，最后达致学校、学生及社区三赢的局面。总而言之，服务研习强调三大核心要素：①课堂理论知识与社区服务相结合；②在学习与实践的过程中进行积极、深入的反思；及③提升学生的社会责任感，促进其全人发展。

服务研习的教育理念与教学方法自20世纪初出现以后，在大学、政府、社区、公众的大力支持下，迅速在美国高校中普及，成为将经验型学习与社区服务成功结合的教学典范。之后，其影响力很快扩展到欧美、亚非的高校。由于服务研习具有动态、灵活的特点，许多高校都能根据自己的院校文化、社会环境对服务研习的施行方法进行调整，摸索出最符合自身特点的实践模式。近年来，这种先进的新式教学法更是在亚太地区的高校得到推广并广获好评，尤其是在中国香港、中国台湾、新加坡、日本及菲律宾等地。

二　服务研习的理论基础

作为一种科学的教学法，服务研习拥有坚实的理论基础。其中影响最大、最受推崇的是1938年由约翰·杜威（John Dewey）提出的经验学习理论。[①]杜威认为“经验”是教育最基本、最核

① Lipka, R. P., Beane, J. A., & O' Connell, B. R. 1985. *Community Service Projects: Citizenship in Action*. Bloomington, In: PhiDeltal Kappa Educational Foundation (ERIC Document Reproduction Service No. ED 261 968); Clark, S. N. &Welmers, M. J. 1994. Service Learning: A Natural Link to Interdisciplinary Studies. *Schools in the Middle*, Vol. 4 (1), pp. 11 – 15.

心的部分，提出了“以经验为中心”、“教育即生活”、“学校即社会”等重要的教育主张。[①]服务研习提倡的将课堂理论学习与社区服务实践相结合的理念呼应了杜威的主张，强调学习与实践之间互相促进、巩固、加深的关系。[②]此外，服务研习的宗旨与“经验性教育”的三大目标——“让学生成为改变社会更有效的力量、培养他们作为社区成员的归属感，及发展他们的潜能”[③]——也高度吻合。

科勃（D. Kolb）在 1984 年提出的经验学习模式（见图 1）已成为许多教育工作者开展服务研习的主要理论依据，以及开展项目或课程设计时的重要参考。该模式将经验学习的过程分为四个主要阶段，同时强调学习的持续性及反思的重要性。首先，学生通过在社区中的服务获得具体经验；其次，通过不断的观察和深入反思，用批判性思维将服务经验与课堂所学知识相结合；再次，根据实际体验，修正和深化对理论的理解，将其内化为新的抽象概念；最后，把新的概念归纳和转换为自己的知识，将其运用到其他相似的实际情境中，并在必要时做出适当调整。可见，这一基本的学习步骤由经验开始，最终又回到经验，使得学习的过程得以循环往复。而反思则是确保这一学习过程不断持续发展的根本动力，也是学习者获取新知识、新技能的核心要素。

在高等教育中，学生学习的理论知识范畴广泛，而课堂上却无法提供与之对应的实践机会，这就在很大程度上限制了学习的内部循环。服务研习通过倡导学校与社区的合作，为学生创建贴近现实的多样化体验平台，再加上批判性的反思过程，最终达到有效推进学生学习及发展的目的。

---

① 〔美〕约翰·杜威：《民主主义教育》，王承绪译，北京：人民教育出版社，1990。

② Sheckley, B. G. & Keeton, M. T. 1997. Service-Learning: A Theoretical Model. In J. Schine (Ed.), *Service-Learning: Ninety-Sixth Yearbook for the National Society for the Study of Education*. Chicago: The University of Chicago Press.

③ Carver, R. L. 1997. Theoretical Underpinnings of Service Learning. *Theory into Practice*, 36, pp. 143 - 149.

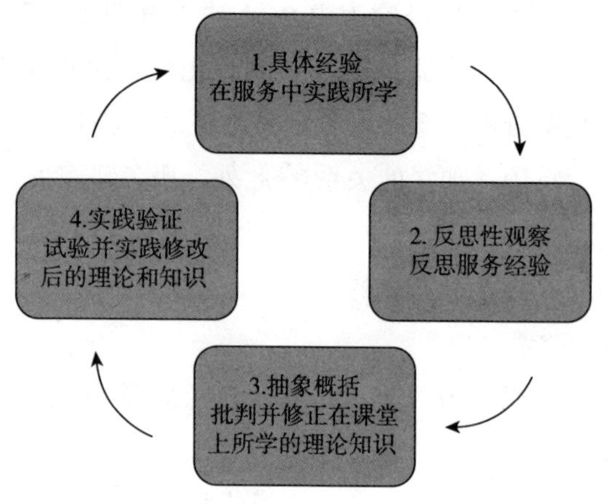

图 1　经验学习模式

资料来源：Kolb，D. 1984. *Experiential Learning*. New Jersey：Prentice Hall。

三　服务研习在当代社会的功能

服务研习在亚洲的出现和盛行不是偶然现象，而是符合时代特征、有利于社会长远发展的必然趋势。教育的方式应该与时俱进，根据变化及时进行调整。自 1990 年起，在亚洲出现的新型经济模式使社会环境发生了变化。这种新型经济模式的特点主要包括三个方面：数码化、全球一体化和资本主义垄断。

第一个方面，当今社会是一个资讯爆炸、数码化加剧的时代。随着信息技术的发展以及电子产业的腾飞，人们越来越难预测多变的未来，唯一可预测的只有改变。如何适应日新月异的社会变化已经成为当代青年人面临的一大挑战。年轻人只有不断提高自己的创造力、适应力，丰富社会经验并坚持终身学习的理念，才能跟随时代的脚步，把握时代的脉搏，为自己找到合适的社会定位。第二个方面是全球一体化的巨大影响，跨区域、跨国界的交流与合作已成为各个领域发展的主旋律。从政治经济到文化艺术概莫能外，教育更是其中的重要环节。例如，许多中国高校都聘有外国教师，其他国家也欢迎中国教育工作者的加入。学生群体的多元化也颇受重视，例如，高校对海外留学生的开放政策、丰富多样的国际交流生计划等。面对这样多元化的环境，培养青年人的国际视野、世界公民意识，提高其跨文化的沟通与交流技巧亦成为当代高校的重要教育目标。第三个方面是资本主义垄断。生活在物质主义和享乐主义盛行的现代社会导致一部分人过于强调功利性与物质回报。青年人代表国家的未来，影响主流价值观的导向。因此，培养青年人正确积极的价值观、高尚的道德品格和强烈的社会责任感是消除不良风气、促进社会健康持续发展的重大举措。

当代教育应该着眼于如何促进青年人全面发展，帮助他们更好地迎接挑战、服务社会。然而，传统单一的课堂教学法已无法达成新时代的教育目标，校内的理论学习已经远远不能满足学生对社会知识及实践技能的需求。作为一种先进的体验式教学法，服务研习通过将学术知识和社区服务联系起来，用多样化的方式培养学生的多种技能：①提供机会让学生走出学校这个象牙塔，及早与社会接触；调查、了解社区需求并运用自己的专业知识尝试解决社会问题，从而提高自己学以致用的能力和解难技巧。②学生通过身体力行的方式，由内而外培养自己服务社会、关心他人的高尚品格，并在与不同群体的交流、合作过程中提高沟通技巧，增强团队精神。③在跨领域、跨地区的社会教育平台上鼓励学生开阔眼界，追求社会公义，减少歧视与偏见，树立世界公民意识，用开阔的心胸深度观察这个世界。

服务研习在培养人才的同时，也对社会发展产生直接、积极的影响。中国及其他许多国家正面临贫富悬殊、人口老化、全球气候变暖、能源及粮食短缺等危机。全球化的浪潮促进了不同国家、文化及种族之间的交流，除了友好合作，亦带来不少冲突、矛盾。在全球一体化进程中，没有人可以置身事外，许多社会问题都与我们息息相关。服务研习可以充分团结学校、学生、社区甚至社会各个行业的力量，用关爱及行动去了解社会需求，有效改善社会问题，并带领他人服务世界。

第二节 服务研习在高等教育中的新思维

一 当代高校的教育责任

自20世纪以来，世界各地的高等教育都受到知识经济和全球化浪潮的强力冲击。高等教育迅速发展并普及，发达国家及部分发展中国家的高等教育已成功地从精英教育阶段过渡到大众化教育阶段，越来越多的政府和民众认识到“知识改变命运，教育引领成功”。“知识”在推动社会发展的过程中开始扮演关键角色，世界各国对受过高等教育的人才的需求也日益增加。但快速扩张的高等教育也带来了一些隐患。

长期以来，不论在哪个国家，大学的核心工作都是培育人才、创造知识和服务社会。接受高等教育的人数虽然不断增加，但高校培养的人才质量及其社会职能却遭到质疑，对大学毕业生及高校教育的批评也随之而来。有人指出，当代大学生的责任感、积极性、创造力、适应力、合作精神及学习能力等都有待增强和提高。高校也被指责其培养的人才与社会需求不符，未能履行推动国家建设、改善社会问题的职责，在促进民族文化传承、精神文明建设及知识技术创新等方面的表现也不尽如人意。①由此可见，传统的高等教育制度已经不能很好地实现其培养人才、推动社会进步的根本目标。为了国家的长远发展，顺应时代发展趋势的教育改革势在必行。

事实上，许多国家都已认识到人才培养和高等教育在国家可持续发展中的重大作用，所以，自20世纪80年代以来，世界各国都积极开展不同程度的高等教育改革，强调并调整高校的根本任务和职责。即使改革形式和方法存在不同，但主要宗旨和目标

① 王英杰：《挑战与应答：当前世界高等教育发展与改革述评——兼谈21世纪大学的理想》，《辽宁高等教育研究》1999年第1期，第35～37页。

却是一致的。

第一，提倡终身学习，并将课堂上系统的理论学习与社会及生活中的实践学习紧密结合。大学教育在短短几年中只能传授给学生有限的理论知识，而更为重要的是培养学生主动学习、积极实践的精神，使大学生在毕业后能通过实践加深对所学知识的理解，通过不同方式在工作生活中积极学习，不断提高自己的学识和技能，让高等教育成为终身学习的新起点而不是教育的终点。联合国教育、科学及文化组织在 1998 年首次召开的“世界高等教育会议”上指出，“世界各地深化高等教育制度改革的目标，是要提供有利终身学习的环境，引发文化的辩论，确保社会多元性，以及整固人类的智慧和道德标准”①。相关教育政策和纲领性文件——包括联合国教科文组织颁布的《学会生存——教育世界的今天和明天》，②法国颁布的《高等教育法》，以及美国、日本、韩国、中国台湾等国家与地区颁布的《终身学习法》、发表的《迈向学习社会》白皮书等③——也陆续出台，强调“终身学习”的重要性。

第二，强调全面发展，推动全人教育。当今社会对人才的要求日益提高，仅仅擅长某一学科学术理论的“应试精英”早已不能适应新时代的需求。科技、经济、文化与艺术等各个领域需要的都是视野开阔、态度积极、实践能力强、善于与人合作、具有高度责任感、关心他人与社会的全才。许多当今重大的社会问题都需要人才拥有多个领域的知识和技能。例如，环境问题、人口问题、社会的可持续发展问题及科学技术与人类的关系问题等都需要运用自然科学和社会科学的知识加以综合解决与处理。因此，当今社会的人才除了要精通自己的专业知识，也需要博学多

---

① 《立法会会议席上杨耀忠议员就〈香港高等教育〉报告提出的议案》，2002 年 6 月 26 日。

② 联合国教科文组织：《学会生存——教育世界的今天和明天》，北京：教育科学出版社，1996。

③ 冯晓玲：《终身教育展望》，《大学》（学术版）2010 年第 9 期。

识及具有较强的分析能力及合作精神。1995 年联合国教科文组织在其发表的报告——《高等教育的转变与发展政策》——中呼吁各国将教育重点放在培养学识丰富、思想健全、人格完善、价值观正确的全面人才上。[①]全人发展的思潮很快席卷全球，不同国家和地区根据自身特点采用不同的方式促进全人教育。例如，美国及法国的通识教育、中国台湾与中国香港的全人教育、中国大陆的素质教育等，虽然名称不同，但中心思想一致。

第三，进行开放式教育、多元化教学。面对瞬息万变的当今社会，培养大学生的开放性思维、实践创新能力及积极主动的学习热情是高等教育的重大目标。但是传统的“老师教，学生学”的单向教学不仅使学生处于被动吸收知识的位置，也无法充分调动学生的积极性。仅限于课堂这一单一教学平台更是阻碍了学生创造力和实践能力的发展，甚至可能导致学生与社会脱节，毕业后无法将所学运用到实际工作和生活中。即使有的高校在即将毕业前夕鼓励或安排学生实习，但短暂的准备时间和突然的转变也容易让学生手足无措。因此，许多国家和地区都大力拓宽其教育平台，让在校学生有更多机会接触社会，在真实社会中体验、学习，通过亲身实践锻炼自己的社交能力、组织技巧、创新思维等。例如，中国从 20 世纪 60 年代开始大规模组织大学生参与服务社会的志愿活动，在此过程中让他们了解社会问题，帮助弱势群体。美国麻省理工学院通过与一流的企业和机构合作，定期安排学生在企业或机构中进行实践学习，增强学生的适应力、合作性，提高其灵活应用知识的能力，等等。新科技时代，各领域间的合作和关联日益紧密，这就要求高校“开放门户”，与社区、企业、政府共同构建实践教育平台，让在校学生有机会调查并解决实际问题，从而锻炼社会技能。

在教育改革的摸索阶段，秉持“终身学习，全人教育，开放

---

① United Nations Educational Scientific and Cultural Organization (UNESCO). 1995. *Policy Paper for Change and Development in Higher Education*. France.

式教学”这三大宗旨，各国/地区都在研究符合新时代特征的教育方案。服务研习作为一种新式的体验式教学法应运而生。它通过将社区服务与专业学习相结合，为学校、社区及企业开创合作的可能性；用灵活多样的模式提高学生参与的积极性及老师实施的可操作性。服务研习不仅没有忽略传统教育强调的理论知识的传授，而且能帮助高校实现以上三大新时代教育改革的宗旨，所以很快在各地高校普及开来。

二　服务研习在不同国家/地区的发展模式

服务研习的概念起源于美国，在美国高等教育界获得成功后很快传播到欧美、亚非等国家/地区。近年来，在亚太地区的高等教育界得到积极响应，发展迅速。由于服务研习具有灵活性的特点，不同国家/地区的院校都根据自己的特点和需求在具体的操作模式上做出调整，形成具有自身特色的服务研习系统。然而，有些国家/地区或高校不是称其为 Service-Learning（服务学习/研习），而是其他的专业术语，包括 service practicum（服务实践）、community engagement（社区参与）、civic engagement（公民参与）、civic education（公民教育）等。虽然名称不同，但理念相近，都是通过大学与社区合作为学生提供实践机会，帮助学生运用自身学识和技能改善社会问题。

服务研习在中国大陆教育界还比较新，许多高校还在摸索适合自己的开展方法。通过参考其他成功的服务研习范例或许可以为中国大陆高校带来一些灵感和新的思维。因此，以下会列举南非、美国、中国台湾高校开展服务研习的典型模式，让有兴趣的高校了解服务研习的灵活性以及不同高等教育体系将其成功地体制化的具体方式。

南非的服务研习模式是以社区建设为主，他们称其为 community engagement（社区参与），致力于通过大学生的服务满足社区需求，改善、解决社会问题。自 1999 年从美国引入服务研习的概念以后，南非高校的教育改革强调将社区参与融入教学研究，增强青年人的社会责任感，充分利用大学师生的专业知识及具有较高的文化水平这一特点，改善南非社会变革中出现的问题和矛盾，协助国家重建。南非政府大力倡导将服务研习纳入高等教育体系，将大学生的社区参与正规化、普及化。通过高校与社区及机构建立合作伙伴关系，有效团结一切社会力量改善民生，提高人民生活质量。很多高校积极响应，并将服务研习设为带学分的常规课程，鼓励学生积极参加。①例如，南非金山大学（University of the Witwatersrand）教育专业的学生运用自己的专业知识为社区居民提供义务的成人教育，努力改善当地的文盲状况及基础教育奇缺等问题；建筑系的学生有效利用有限的资源，为孤儿院设计、制作家具和玩具，为当地社区提供切实的帮助。②

美国的服务研习模式是以学生的学习和成长为中心，希望通过开展服务研习为学生提供体验式学习的机会，在实践中提高学生的实践能力、社会技能及公民意识等。大学与社区建立联系，为学生创建除了课堂以外的学习平台，让学生在现实社会这个大课堂中用多种学习方式累积知识，锻炼技能。例如，在服务中观察、分析社会问题，运用所学解决问题。美国高校尤其注重对学生参加服务研习后学习效果的评估——从学生各方面能力的锻炼，到对理论知识的理解和应用，再到对社区问题的认知和公民意识的增强。美国高校学者更是积极研究有效的测评手段，用以提高服务研习这种新式教学法的效力。③例如，美国著名学府斯坦福大学不同的学系都为学生提供服务研习课程。该课程除了让学生在服务社区的过程中积累实践经验外，也包含系统的理论课程

---

① Moore, M. & Lin, P. L. (Eds.) 2009. *Service-Learning in Higher Education: Paradigms & Challenges.* Indianapolis: University of Indianapolis Press, pp. 45 - 64.

② Higher Education Quality Committee (HEQC) / Council on Higher Education (CHE). 2007. *Service-Learning in the Curriculum: Lessons from the Field.* Pretoria: CHE.

③ 蓝采风、许为民：《服务 - 学习在高等教育中的理论与实践》，杭州：浙江大学出版社，2011。

学习、技能培训、研讨及经验讨论等环节，确保学习目标的达成。

中国台湾高校将“Service-Learning”直译为“服务学习”，并在台湾高校推广，将其完全纳入教育制度。其服务学习课程和项目具有由浅入深、渐进式、多种类等特征。例如，静宜大学就规定其大一学生必须修完“服务学习”课程，包括课堂教学（介绍服务学习的精神和理论知识、志愿服务伦理和法规、自我理解与自我肯定的方法、企业志工及海外国际志工服务经验）、固定的社区服务时数和服务经验分享。完成大一服务学习课程后，大二及以上年级的学生可以选修有服务学习元素的专业课程。除了台湾本地的服务机会，静宜大学也为学生制订了国际志工计划，让学生有机会在不同的地区和文化中进行拓展性的学习与服务。①

虽然各地高校开展服务研习的侧重点不同，但通过大学与社区的密切交流与合作，无论是哪一种模式，社区和学生之间都有一定的互动并从中受益。服务研习的最优效果是达到社区建设与学生学习上的双赢，因此，以上模式都还有改善的空间。侧重社区参与、改善社会问题的高校可以加强社区活动与学生理论学习之间的联系。大学生可以通过服务实践，运用自身的专业技能回馈社会，提高服务质量。同样，强调学生学习成果及能力培养的高校可以更为深入地调查、了解社会问题，有针对性地提供符合社区需求的项目。学生的服务若能有效改善社区问题，社区合作伙伴就会更积极、主动地与大学合作并拓展服务研习项目，有助于维持可持续友好合作关系。此外，实现全校普及、将服务研习作为必修课的高校需要注重学生的反馈及评估方式，确保服务研习课程的教学质量，增加项目多样性，以便充分调动学生的主观能动性，不把参加服务研习课程当作课业负担。

“学生学习”及“社区服务”是任何模式的服务研习都不可

---

① 台湾静宜大学服务学习发展中心，http：//www. service-learning. pu. edu. tw/Webpage/03 - 01. aspx，最后访问时间：2014 年 8 月 17 日。

缺少的重要元素。这正是服务研习与传统的“志愿者活动”（缺少学习元素）及“实践实习”（缺少服务元素）的最大不同之处。美国学者雅各布（B. Jacoby）及其团队提到服务研习与志愿服务的根本差别是前者注重“反思部分和预先设定的学习目标”①。中国许多高校都开展了不同种类的志愿者项目，但普遍侧重于服务而轻视学生学习能力的提升。对当今中国高等教育的现状及面临的机遇和挑战来说，服务研习是顺应时代潮流的先进教学法，能够有效推动中国的教育改革及发展，打造国家、高校、社区、师生共同进步的和谐景象。

第三节　服务研习在中国推广的必要性

一　中国高等教育的现状

自中华人民共和国成立以来，教育事业经历了巨大的历史变革。20 世纪五六十年代全国超过 80% 的人口是文盲，现今九年义务教育已在全国普及，高等教育事业蒸蒸日上。尤其是在 70 年代末高考制度恢复及在重视高等教育的政策推动下，高校入学率更是逐年递增，规模不断壮大。政府、民众、社会各界也越来越重视教育。但在高校的规模数量、招生人数急速膨胀的同时，教育质量的提升却相对滞后。随着社会变化步伐的加快及知识经济时代的来临，提高教育质量已成为当代中国发展的核心任务之一。

改革开放后，中国与国际接轨，其教育也受到亚洲及世界形势的巨大影响。因此，针对时代特征进行教育改革就成为提高中国教育质量的重要举措。首先，信息技术的迅猛发展加速了知识的传播和老化。中国高校仅仅依靠传统教学方式教授常规课程，

① Jacoby, B. & Associates (Eds.). 1996. *Service-Learning in Higher Education: Concepts and Practices.* San Francisco: Jossey-Bass, p. 20.

学生无法及时吸收新知识，获取新讯息，可能一毕业就已经落后于时代。高校无法培养符合社会需求、有助于时代进步的人才既是对国家资源的极大浪费，也是对人才个人前途的延误。因此，高校需要提升大学生对社会的认识，在传授理论知识的同时也要提升学生的社会实践能力。其次，在地球村的形成过程中，中国高等教育系统与世界先进教育系统间的差距对中国高等教育来说既是压力也是动力。全球化的合作与竞争对中国高校的教育改革提出了更高的要求，而对世界先进教学方法的讨论和借鉴可以为中国高校指明方向，提供参考。最后，资本主义垄断助长了利己主义、拜金主义。尤其是在经济急速发展、选择机会众多的当今中国，年轻人容易盲目追求物质财富，忽略精神文明的创造或导致价值观出现偏差。所以，对大学生进行道德品格的培养，使其树立正确的价值观就显得尤为重要。

中国政府及教育部门陆续颁布了多个重大文件和相关政策，大力推进高等教育的改革进程，包括 2001 年《关于加强高等学校本科教学工作提高教学质量的若干意见》、2007 年《教育部、财政部关于实施高等学校本科教学质量与教学改革工程的意见》、2010 年《国家中长期教育改革和发展规划纲要（2010 ~ 2020 年)》、2012 年《国家教育事业发展第十二个五年规划》等。文件中的方针政策为新时代中国高等教育的改革与发展指明了方向，确定了当代高校的责任和宗旨：促进学生全面发展；培养学识丰富，能够学以致用、开拓创新的实践型人才；使学生树立正确的价值观和高尚的品德；增强学生的公民意识和社会责任感。

各大高校纷纷响应，纷纷根据教育改革的目标和方向制定相应的制度和课程整改方案。素质教育及近年来迅速崛起的通识教育都是以培养“全人发展”人才为目标的教育理念。但由于许多高校仍处于改革的摸索阶段，面对新型的教育理念缺乏具体的操作方式，所以改革步伐相对缓慢。服务研习这种体验式教学法具有极强的操作性和灵活性，其根本理念与全人发展的中心思想一致，在 20 世纪出现后迅速在欧美国家成功普及，近年来更是在亚太地区蓬勃发展。如今服务研习的概念渐渐被中国高校了解，部分高校甚至已经开始尝试开展服务研习项目，并且收效良好，获得师生们的一致肯定。本书的目的是向中国的高等院校更详细地介绍服务研习，并深入分析服务研习如何有效造福于国家、社区、高等院校及学生。

二　在中国推广服务研习的益处

虽然不同地区的高校在各个时期开展服务研习的原因和侧重点略有不同，但服务研习的主旨始终是将大学与社区联系起来，让学生在社会服务中实践所学、改善社会问题。这非常符合中国目前的国情和高等教育改革的要求；再加上服务研习与传统儒家思想、当代高等教育改革宗旨高度的一致性，推广这一新型教学法对国家、社区、高校和老师以及学生的发展都大有裨益。

1. 对国家的益处

服务研习的三大核心思想都能在传统儒家思想中找到相对应的理念，包括：①在实践中学习；②培养奉献精神和高尚品德；③树立社会责任感。因此，服务研习不是一种完全陌生的外来思想，中国古代伟大的哲人和教育家早就提出了这些重要的教育概念，只是在中国社会飞速发展的进程中，有些概念没有得到足够的重视。而服务研习系统地将这些概念整合起来并切实应用到教育活动中。因此，推行服务研习能够将传统儒家思想、传统美德发扬光大；建立教育、交流平台，促进中国与国际接轨；加强社区、高等院校、社会各部门之间互惠互利的友好合作关系，有利于实现构建社会主义和谐社会的长远目标。

2. 对社区的益处

作为发展中国家的中国，重大的社会变革及经济的迅猛发展既推动了社会的发展，也带来了一些问题和挑战。例如，贫富差距扩大、环境破坏严重、城乡发展不均衡所导致的外来务工人员的融入及留守儿童教育等问题。为了国家长远的可持续协调发展，在增强经济实力的同时也应该促进社会和谐、减少歧视与冲突、重视社区需求及群众的呼声。服务研习鼓励师生深入社区，直观地观察、研究社区现状，倾听群众的声音，甚至与企业和机构合作，帮助切实改善社区中的隐患和问题。这不仅团结了高校、政府、企业等多方力量，克服了政府调查社会问题面临的人手不足、资源有限等困难，也可以更细致、具体地了解社区动态及人民需求。政府的宏观调查加上学生的微观研究，为社会问题的解决提供了更全面的资料。

3. 对高校、老师的益处

知识经济时代的到来对中国的高等教育提出了更高的要求和更大的挑战，高校作为人才培养的核心部门自然身负重任。在加强原本的学术研究、教学育人工作的同时，也要不断摸索创新，以更好地完成当代高等教育改革这一艰巨任务。服务研习可以从多方面协助高校达到这些目标。老师可以通过开设服务研习课程，将研究的范畴扩大到更广大的社区。与社会动态紧密相关的学术研究具有很高的应用价值，能直接有效地推动社会进步。由于服务研习已经成为世界许多高校的重要教育模式，推行此教学法能够帮助中国高校更好地与国际接轨，提高学校声誉，创造更多的学术交流与合作的机会。在培养人才方面，服务研习能够丰富高校的教学方法，因材施教，最大限度地激发学生的潜力。通过将课堂学习与社区服务联系起来，在理论和实践领域为学生提供多样化的锻炼机会，促进其全面发展。

4. 对学生的益处

当代大学生在瞬息万变的时代潮流中要想成功立足，需要有全面发展的人格、能力及国际视野。服务研习打破中国高校传统的学习方法，让学习不再局限于教室和书本。通过在学校和社区之间搭建桥梁，让学生的学习从学校中的知识累积到社会上的实践补充一气呵成。在服务研习过程中，学生在多方面都会得到锻炼，例如，团队合作性、组织领导能力、沟通交流技能、研究解难技巧等。更重要的是，服务研习能加深学生对学科知识的理解，强化应用，了解世事动态，为将来步入社会和职场打下坚实的基础。

服务研习这种先进的体验式教学法不仅能为大学教育注入一脉清流，也与中国的素质教育和新兴的通识教育相辅相成，理念一致。本书第二章将深入分析当代中国高等教育的责任和要求，以及服务研习与中国传统儒家思想及当代高校教育改革目标之间的密切联系。

第二章 服务研习与中国高等教育的责任和宗旨

第一节　中国高等教育的宗旨和现状

改革开放以来，中国的文化、经济及教育等各个层面都发生了翻天覆地的变化。近二三十年间，中国与国际接轨，更呈现数码化、全球化及经济飞速发展等特点。面对瞬息万变的机遇和挑战，新时代对人才的要求更高。传统的单一型学术人才已经无法适应现代社会多元化的发展趋势，只有全面发展的复合型人才才具有较大的潜力和核心竞争力。青年人作为未来的国之栋梁，具有较高的可塑性。因此，如何顺应时代要求，有效提高青年一代的实践能力、培养其高尚品格、增强其社会责任感成为中国教育的当务之急。

高校作为人才培养的基地，承担着培养高素质人才、推动社会发展、传承优秀文化的重要使命。根据新形势下的人才需求及时调整教学方案，为国家输出与时俱进的人才更是高等教育改革发展的动力与目标。当代中国社会面对的变化和挑战对各大高校提出了新的要求：大力推动人才的全面发展。高等教育的使命不仅包括培养青年人学以致用、开拓创新的能力，也包括使青年人树立正确的人生观和价值观，传承奉献精神，更重要的是强化公民意识，推动社会发展。

一 应用型创新人才的培养

从孔子的“学而时习之，不亦说乎”[①]，到宋代朱熹的“知行并重”[②]，再到明朝王阳明的“知行合一”[③]，中国传统的教育理念对实践在学习中的重要性其实早有强调。当今中国社会正处于知识经济时代，高等教育迅猛发展，而培养应用型创新人才正是当今中国高等教育改革的重要目标之一。[④]早在2002年，中国高等教育就由精英阶段迈入大众化阶段[⑤]（中国高等教育毛入学率[⑥]在1978年只有1.55%，自从1999年大学开始扩招以后，在2002年迅速上升至15%，2011年升至26.9%）。2010年教育部发表声明，高等教育毛入学率有望在2020年达致40%。[⑦]高等教育的普及体现了人民群众积极提高自身文化素质的主动性，但同时也要求对传统教学法和人才培养模式做出与时俱进的调整，以适应国家现代化建设对新型人才的需求。

数量与日俱增的大学毕业生不再是仅仅从事理论研究的学术型人才，更多的情况下他们就业于社会各个领域和服务行业，从而提高了对大学毕业生知识技能及社会活动技能的要求。鼓励大学生在校期间勇于实践所学所想，不断创新，运用科学知识创造社会效益。归根究底，理论与实践之间存在相辅相成、相互促进的关系。首先，丰富的理论知识能有效激发新创意和新思想，大

---

① 《论语》，上海：上海辞书出版社，2003。

② 朱熹：《四书章句集注》，济南：齐鲁书社，1992。

③ 王守仁：《传习录》（上、中、下），上海：上海古籍出版社，1992。

④ 中华人民共和国教育部：《国家教育事业发展第十二个五年规划》，2012。

⑤ 中华人民共和国教育部：《2011年全国教育事业发展统计公报》，2011。

⑥ 高等教育毛入学率指高校在校生数与相应学龄人口（在中国指18～22岁年龄组人口数）之比。它体现了教育相对规模和教育机会，是衡量教育发展水平的重要指标。依照国际标准，高等教育的普及根据毛入学率分为三个阶段：精英教育阶段（毛入学率在15%以下）；大众化阶段（毛入学率为15%～50%）；普及化阶段（毛入学率在50%以上）。

⑦ 中华人民共和国教育部：《国家中长期教育改革和发展规划纲要（2010～2020年）》，2010。

力推进实践的开展；其次，实践亦可强化个人对理论的灵活运用，并将书本知识转化为促进社会发展的直接动力，赋予理论更高的社会价值。著名课程理论家泰勒就提到“为了达到某一目标，学生必须具有使他有机会实践这个目标所隐含的那种行为的经验”[①]。因此“两耳不闻窗外事，一心只读圣贤书”的教学理念早已无法满足当今社会对多元化人才的迫切需求，而将理论和实践紧密结合才是新时代的教育宗旨和目标。

然而，自1977年恢复高考制度以来，很多高校以大力提高学生的研究能力和理论知识并进为目标，致力于发展学术研究，而忽略了对学生实践能力的培养。中国高等教育逐渐形成了重学术、轻实践的教育氛围。[②]针对这一现象，有学者提出将市场和社会的需求作为高等教育改革和高校办学资源配置的风向标，鼓励并加强学校与社会机构之间的交流合作，培养受企业欢迎的高素质实践型人才。为了实现新时期高等教育改革的目标，高校的办学理念应该以市场需求为导向，优化专业课程的设计，为学生提供丰富多元的社会实践机会，让新一代大学生毕业后可以更快、更好地适应社会。

事实上，中央对培养大学生的实践创新能力也相当重视。2007年发布的《教育部、财政部关于实施高等学校本科教学质量与教学改革工程的意见》就强调大学生实践技能的重要性，并大力号召高等学校与科研院所、行业、企业、社会有关部门合作，共建大学生实践教育基地。许多高校积极响应，调整教学内容和模式，加强对应用型人才的培养。同时，在2007年于上海召开的“应用型本科教育研讨会”上，来自全国各地30多所院校的100多位代表围绕培养应用型人才这一课题进行了广泛、深入的探讨。《国家中长期教育改革和发展规划纲要（2010～2020年）》

---

① 〔美〕拉尔夫·泰勒：《课程与教学的基本原理》，施良方译，北京：人民教育出版社，1994，第28页。

② 顾晓波、许玉生：《高校实践教学改革的研究与实践》，《盐城师范学院学报》（人文社会科学版）2009年第29卷第6期。

更是深入分析了中国教育所面临的重大挑战，并提出重点扩大应用型、复合型、技能型人才培养规模，提高学生适应社会和就业创业的能力。[①]2012年发布的《国家教育事业发展第十二个五年规划》再次强调实践育人制度的重要性，要求高校调整课程结构、增加实践型课程、加强实践教学基地的建设等。[②]可喜的是，虽然具体的改革措施、实施方案仍有待完善，但培养应用型创新人才已经成为教育改革的重大战略决策和各大高校人才培养的价值取向。

二　学生思想品德的培养

培养德才兼备的人才是中国古往今来的教育宗旨——从传统儒家思想延续到当代社会主义教育目标，从“大学之道，在明明德，在亲民，在止于至善”[③]到如今提倡的素质教育和通识教育。大学是青年人价值观、人生观和世界观形成与发展的关键时期，正确有效的道德教育尤为重要。高等教育应是大学生人生道路上的指路明灯、全面发展道路上的心灵导师。韩愈在《师说》中道出老师的职责——“师者，所以传道授业解惑也”[④]，也就是说，为人师者，要以传授道义为先，之后才可教授理论知识和解决疑难困惑。思想品德教育是人才培养的根本，应该被放在一切教育活动的首位。

可是近年来，社会发展对教育的制约性和教育为经济发展服务的职能被过分夸大。各大高校过分强调教育的工具性和实用性，将人才的培养方向侧重于推动社会经济、政治及科学技术发展等方面，而忽视学生的思想品德教育和人文素质教育。著名教

---

① 中华人民共和国教育部：《国家中长期教育改革和发展规划纲要（2010～2020年）》，2010。

② 中华人民共和国教育部：《国家教育事业发展第十二个五年规划》，2012。

③ 韩愈：《三纲八目的追求·大学之道》，《礼记·大学》。

④ 韩愈：《师说》，《韩昌黎集》，北京：商务印书馆，1958。

育家杨叔子曾深刻分析道："我们的大学是否在追求失去灵魂的卓越？大学的主旋律应是育人，而非制器，是培养高级人才，而非制造高档器材。"①同时，在中国飞速发展的市场经济浪潮中，对物质和利益的过度强调也影响了一些大学生的目标设定和人生追求，导致功利主义和享乐主义风气的滋长，例如，树立"理想理想，见钱就想"、"前途前途，有利就图"的错误价值观。大学毕业生是我国社会发展中提供精神动力和智力支持的主力军，不健全的思想品德教育将会直接影响大学毕业生在社会主义道德建设中发挥示范和领导作用。

党和政府一直竭力倡导德育教育的重要性并陆续颁布相关政策和文件，②将"德育为先，全面实施素质教育"作为现今教育改革发展的战略主题。各大高校相继开展不同程度的德育教育，但普遍存在一定的局限性。例如，目标过大，内容空泛，与时代发展及大学生实际思想脱节，重理论轻实践，评估方式不完善，等等。③这使学生参与德育教育、追求人伦道德目标的积极性下降，导致德育工作事倍功半。因此，新时代的德育教育应目标明确，内容贴近生活，遵循大学生思维模式，形式活泼多样且以实践为主，评价方式以人为本，关注学生内心成长和道德情感的变化。

仅仅靠学校的宣传和被动地接受德育教育理念，很难引起学生心理上、情感上的共鸣和转变，因为德育是一个内在自省、动态发展的过程。只有让学生主动参与到德育教育的活动中，真正体验用自己的力量服务社会、帮助他人，才能有效达致知行合一，在实践中提升精神力量。深入社会的服务体验可以有效促使

---

① 杨叔子：《是"育人"非"利器"——再谈人文教育的基础地位》，《中国高等教育研究》2001 年第 22 卷第 2 期。

② 例如，《中共中央国务院关于进一步加强和改进大学生思想政治教育的意见》，2004；中华人民共和国教育部《国家教育事业发展第十二个五年规划》，2012。

③ 王波：《中国高校德育教育的几点思考》，《牡丹江大学学报》2013 年第 22 卷第 5 期。

学生走出象牙塔，用开阔的心胸观察社会，理解他人的情感和需求。帮助学生在认识自己内心世界的过程中，树立乐于助人、无私奉献的道德观。同时，在高等教育大众化趋势的影响下，大学毕业生面临的大部分工作岗位都具有一定的服务性质。尤其是在强调“以人为本，和谐发展”的当代中国，学会如何服务社会、以德服人显得尤为重要。服务研习这种注重学生道德培养、人文关怀的新型教学法，能够与当代中国大力提倡的德育发展理念紧密契合，培育拥有高尚灵魂的卓越人才。

三　公民意识和社会责任感的培养

从明代顾宪成的“家事国事天下事，事事关心”到当代强调的公民意识、社区参与，中国一直重视青年人社会责任感的培养，要求青年人以国事为己任，关心民间疾苦。当代大学生作为国家公民及中国社会未来发展的重要建设力量，应该清楚地认识自己在国家中的权利和义务，从政治、经济、文化等多方面了解社会发展情况。而社会责任感是指个人对国家、集体及他人所承担的道德责任，与公民意识联系紧密，相辅相成。对社会现状的仔细观察和深刻认识是培养公民意识的基础；积极、主动地关注社会动态并提出有建设性的意见是公民意识的进一步体现；最后将意见、想法落实到实践中去，有效推动社会进步是公民意识的升华。

在2007年党的十七大报告中，公民意识的培养被纳入国家民主政治和教育发展的目标：“加强公民意识教育，树立社会主义民主法治、自由平等、公平正义理念。”[①]这说明公民意识的概

---

① 胡锦涛：《高举中国特色社会主义伟大旗帜　为夺取全面建设小康社会新胜利而奋斗——在中国共产党第十七次全国代表大会上的报告》，北京：人民出版社，2007。

念受到极大重视，并在政府颁布的各大发展纲要中反复被提及。[①]可喜的是，近年来中国各大高校均积极开展公民教育，项目逐渐增多，发展势头良好。例如，北京师范大学早在2003年就设立了“公民与道德教育研究中心”，培养学生的公民意识。从2005年7月开始，教育部与美国公民教育中心合作举办“公民教育实践活动”，北京、上海、江苏和云南4省市的许多院校积极参加。但公民教育活动在系统性、完整性、实践性等方面均有待进一步提高。

首先，了解社会发展和公民责任是一个循序渐进的过程，相关教育应该尊重学生的心理发展及认知规律，由浅入深地进行。虽然从中小学至大学都有引入公民教育的概念，但课程内容大多不系统、不连贯。有学者指出，高校教育中对“个体”即学生个性特征的忽视也是导致大学生社会责任感缺失的重要原因。[②]

其次，公民责任与社会环环相扣，现今高校仅仅依托于学校理论培训的公民教育是不完整的。社会各个部门包括家庭和社区都对青年人社会责任感的培养起着至关重要的作用。不良的社会风气和家庭教育都可能导致大学生社会责任感缺失，降低高校公民教育的有效性。如今社会各界普遍忽视自己在培养青年人公民意识中的重要作用和社会责任，认为教育仅仅是学校的工作。事实上，只有各方踊跃参与和共同努力才能完善大学生公民教育，优化成果。

再次，中共中央在2001年印发的《公民道德建设实施纲要》中指出，“公民道德建设的过程，是教育和实践相结合的过程”。因为只谈理论、缺乏实践的公民教育会使大学生处于被动受教的位置，不能充分调动其关心国家、改造社会的积极性。只有让学生亲身体验生活中的真善美，深入观察表层下的社会问题，并努

---

① 中华人民共和国教育部：《国家中长期教育改革和发展规划纲要（2010～2020年）》，2010。

② 杨叔子：《我们的大学是否在追求失去灵魂的卓越》，《中国教育报》2008年12月19日。

力运用所学所想改善社会现状，才能促进其自主意识的形成，激发其开拓创新的主动性。因此，怎样建立实践教育平台、培养大学生的社会责任感值得我们深思。

最后，在确立了高等教育宗旨及深刻认识到当前教育的优缺点以后，各大高校都在积极开展教育改革，致力于培养具有实践创新精神、高尚的思想品德及强烈的社会责任感的全才。但由于正处于改革初期的摸索阶段，许多高校都苦于缺乏具有指导性和操作性的具体改革方案。目前，高校实施的改革方案存在一些缺陷和不足，导致改革进程缓慢，效果不尽如人意。而服务研习作为一种系统、高效、操作性强的实践性教学法正好迎合了这些高校的需求。首先，服务研习具有动态、灵活的特点，可以根据学生学习及实践能力的不同制订合适的计划；亦可遵循学生的心理发展及认知规律，设计渐进式、不断深入的教育活动。其次，服务研习鼓励学校、社区、政府等紧密合作，为大学生社会意识的培养创造有利的社会环境，同时也能激发社会各界共同努力，促进学生的整体发展和个人成长。最后，服务研习提倡将课堂知识运用到义工活动中，使公民教育贴近实际，为学生认识及改善社会问题提供实践平台和创新空间，从而激发学生自觉自愿、充满热情地担当起社会职责。更重要的是，服务研习的含义与中国传统儒家思想、教育理念高度吻合，从而为其在中国的发展奠定了深厚的历史文化基础，容易得到广大人民群众的认同。而与中国当代教育目标的密切关联使服务研习能够很好地迎合现今高校的需求，推动教育改革进程。

第二节　服务研习与中国传统儒家思想及当代教育目标的关联性

作为一种主张将学习与服务结合、社区与高校合作、教学相长多方受益的新型教学法，服务研习的概念虽然源于美国，但其中心思想在我国传统儒家思想中早有体现，与中国当代教育理念也相互呼应。因此，服务研习不是一种完全陌生、难以融入中国社会的西方教学法。高校可以通过传承、发展儒家思想，紧密结合中国教育现状，开创具有中国特色的服务研习之路，推动社会主义现代化教育的可持续、高效发展。服务研习包含的三层含义都在中国传统儒家思想和当代教育目标中有所体现。这三层含义分别是：①在实践中培养应用创新能力；②奉献精神和道德品格的培养；③培养公民意识与社会责任感。

一　服务研习与中国应用型创新人才的培养

服务研习主张在实践中学习，以服务为渠道，通过系统的反思和归纳总结，充分理解理论知识并进行有效创新的实践教学法。这也与儒家思想提倡的学以致用有异曲同工之妙。

儒家经典《论语》就提到“学而时习之，不亦说乎？”（学习而经常实践，不是很愉快吗？）许多后世的学者将其中的“习”解读为“实践”，强调孔子主张的学而能行、理论联系实际的教育观。[①]此观点清晰地阐明了知识和实践的关系，所学的知识要有实际的应用才会得以完善，才是完整的学习历程。儒家另一杰出的思想家荀子也传承并发展了孔子重实践的学说，更深入地解释了学习之道——“不闻不若闻之，闻之不若见之，见之不若知之，知之不若行之。学至于行而止矣。行之，明也。”[②]（未有听说不如听说过，听说过不如眼见为实，眼见为实不如明晓事理，明晓事理不如亲自实践，学习的功夫到实践这一层次也就停止了。实践可以使人明知道理。）可见，儒家教育思想对学习的过程进行了详尽的分析，并以递进的方式呈现：学习起始于敏锐的直觉观察力，系统的知识高于直观感受，而实践和应用又高于理论知识，最后到达学习的最高境界。

---

① 朱依群：《学而时习之，不亦说乎——略论孔子教育思想》，《宁波大学学报》（教育科学版）2002 年第 24 卷第 4 期。

② 《荀子·儒效》。

这种对实践重要性的强调也得到了很多后世学者的肯定和支持。例如，我国清初杰出的教育思想家颜元对静坐读书、空谈穷理的教育风潮痛加驳斥，大力提倡在实践中学习和检验道理学问的“实学”教育哲学。这种教学法也存在一定的隐忧，那就是轻学术、重实践，在对知识没有了解清楚之前盲目地进行实践。服务研习强调学术与实践相辅相成的紧密联系，知识是一切实践的基础，提倡立足于专业知识，进行系统的、有深度的实践服务。

同样，儒家思想也没有忽略理论学习在实践中的关键作用。宋代教育家朱熹就强调“行重知先，行知并重”[①]的知行观。他认为，没有“知”加以指导的行动是盲目的，只有明白道理后的行动才会正确合理；只是坐谈空理没有实际体验的道理也只是空中楼阁，没有实用价值。只有将两者有机地结合起来，先知而后行，重行而不轻知，才能使学习效果最大化、最优化。这种知行合一的教育理论在明朝得到了更进一步的研究和发展。明朝哲学家、教育家王守仁提出“知之真切笃实处即是行，行之明觉精察处即是知”，将知与行之间相互依存、渗透包含的本质剖析得淋漓尽致。服务研习宣扬的实践与理论相结合的观点可以以传统儒家思想为依托，结合中国当代国情与教育特点，找到符合自身发展特点的模式。

在确定核心价值和指导思想后，如何将这种理念合理、有效地运用到中国当代教育模式中也是一大挑战。面对新时代的人才培养要求，我国高等教育中单一的课堂式教学已显露出较大的局限性。首先，大量的教育研究和实践表明，针对单一层面的教学法无法完成多层面技能的培养。老师讲 - 学生听的知识传授方式虽然能够促进学生的认知发展和对理论知识的了解、吸收及积累，但对这些知识的实际操作、灵活应用却无法从理论教学中获得。中国著名学者陈佑清指出，活动是能力培养的载体，特定的活动类型与特定能力的发展相对应，在此活动中的表现能真实、

---

① 朱熹：《四书章句集注》，济南：齐鲁书社，1992。

准确地反映该学生该项能力的强弱。[1]例如，对课堂上所学的理论知识有很好的掌握和反馈的同学，只能说明其理论学习的能力较强，而他/她在实际操作中的技能水平，却要在实践活动中才能体现。但是如何设计相关的实践活动？如何将具体活动与学术课程紧密挂钩？如何评估学生的表现？如何定位各合作单位的角色和责任？这些问题困扰着想要进行教育改革但缺乏指引的各大高校。服务研习具有实用性强、模式多样等特点，具体的操作指引能帮助高校系统地实施有关计划。针对服务研习在中国高等院校推行的可行性和发展模式，本书第三章中多位中国高校知名学者会围绕“服务研习与当今中国高校的教育理念”这一主题进行深入细致的分析和探讨。第四章则进一步以案例分享的形式，总结中国多所高校开展服务研习的经验，为其他院校提供参考框架及运作蓝本，以设计一套符合自身情况的实施方案。

二　服务研习与德育教育

服务研习提倡服务奉献精神，关注社会公正，关爱社会中的弱势群体。这与中国儒家思想中“仁、义、礼、智、信”[2]的概念一脉相承。“仁、义、礼、智、信”为儒家“五常”，贯穿中国伦理思想发展的始终，是中国社会价值体系中的核心要素和个人操守的准则。“仁”是指人与人之间互相关怀、相亲相爱；“义”是指世间公义，超越个人利益的正义感；“礼”是指人与人之间相互尊重、遵守社会秩序、维护社会规范；“智”指了解他人与社会、解决冲突与问题的智慧；“信”是指与他人相处和置身于社会所需的正直及诚实。香港岭南大学更是将“仁、义、礼、智、信”作为开展服务研习的核心价值，将“五常”的深刻内容

① 陈佑清：《两种活动在两类素质发展中的作用及其关系》，《华中师范大学学报》（人文社会科学版）2005 年第 44 卷第 4 期。

② “仁、义、礼”出自孔子《论语》；“智”出自孟子《孟子·告子上》；“信”出自董仲舒《贤良对策》。

归纳为铿锵有力的口号“仁——传承关爱；义——伸张正义；礼——珍重关系；智——经世致用；信——正直诚实”，使其成为参加服务研习的学生精神上的指引和道德上的明灯。同时，也借此将中国传统美德植根于青年人心中，使之得以传承、发扬。

通过遵循、推广这些具体的道德标准，我们也会日趋达到儒家描绘的理想社会，即“大同社会”。大同社会如《礼记·礼运》中所写：“使老有所终，壮有所用，幼有所长，鳏寡孤独废疾者皆有所养”（社会上的老人得以安享天年，壮年人得以贡献才力，小孩得以顺利成长，丧偶、孤苦、残疾以及生病的人生活都有保障），也就是对各年龄的人群、各种弱势群体都要做出合适的安排，创建相亲相爱的和谐社会。另一位杰出的儒家代表人物孟子也高度赞同这种观点，并提出“老吾老以及人之老，幼吾幼以及人之幼”①，强调尊老爱幼、推己及人的“博爱”精神。

服务研习提倡的乐于奉献概念，《礼记·礼运》也有相关的阐述：“货恶其弃于地也，不必藏于己；力恶其不出于身也，不必为己”（人们珍惜劳动产品，但毫无自私自利之心，不会将它据为己有；在共同劳动中以不出力或少出力为耻，都能尽全力地工作，却没有“多得”的念头）。这里提倡的是乐于与他人分享、积极奉献、不计得失的精神。这样的理想社会与服务研习所追求的互帮互助、共同进步具有相同的本质。

虽然树立高尚品格在中国传统文化和教育理念中早已存在，但高校的德育教育却在改革开放浪潮下备受冷落。1949 年中华人民共和国成立后，国家急需大量专业技术人才推动工业经济建设，20 世纪末又迎来市场经济和全球化时代的机遇与挑战。高校也受到产业化浪潮的影响，大学教育愈加重视实用性和工具性，忽略了学生的品德培养。可喜的是，中央已经意识到对青年人德育培养的欠缺会危害国家长期稳定、和谐发展。中共中央、国务院于 1999 年颁布《关于深化教育改革，全面推进素质教育的决

---

① 《孟子·梁惠王上》。

定》，在全国范围内推行素质教育。

然而，即使许多高校积极响应开展素质教育及品德培养，却普遍存在模式单一、流于形式、脱离实际等问题，所以急需行之有效的改革方案。另外，中国的特殊国情及当代青年人的特点更使德育教育成为当务之急、重中之重。在独生子女政策下成长的年青一代在家庭中普遍受到极大关注和爱护的同时，也背负着父母过高的期望和学业压力。不良的发展导致年轻人缺乏与他人沟通交流的技能及合作分享的概念，形成以自我为中心的性格，过度强调竞争，等等。[①]不过，这些年轻人同时具有积极热情、勤奋上进、善于学习思考的特质。如果帮助他们树立正确的道德观、人生观、价值观，他们必能成为社会的栋梁之材。因此，对人才的培养，应该坚持德才兼备的教学宗旨，让学生领会“知识和技能改变生活，品质和习惯决定命运”的深远意义。

2012 年，《国家教育事业发展第十二个五年规划》再次强调“更新教育观念，坚持改革创新，坚持德育为先，能力为重，全面实施素质教育，培养德智体美全面发展的社会主义建设者和接班人”[②]。近年来，许多高校积极引进西方通识教育的概念，进一步推动学生全人发展，与国际接轨。通识教育的目的在于培养出“有思想、有理想、有智慧、有德性、有文化的全面人才”[③]，强调学生人文关怀的增进和道德情感的培养。这与服务研习提倡的关心社会、服务人群的精神紧密相关。中国高校可以将操作性强的服务研习融入抽象的通识教育概念，以收到相互促进、扩大影响的最佳效果。在高校中开展系统化、制度化的服务研习，学生能在真实生活中学习并实践课堂上所学的道德理论，亲身体验高尚品格为社会、他人甚者自己带来的积极影响和改变。最后，学生不仅是德育教育的接受者，学会在和谐共存的环境中与他人共

---

① 张敏：《独生子女问题国内研究评述》，《赤峰学院学报》（自然科学版）2012 年第 28 卷第 1 期。

② 中华人民共和国教育部：《国家教育事业发展第十二个五年规划》，2012。

③ 赵力波：《人文发展与通识教育问题初探》，复旦大学博士学位论文，2008。

同进步，也会在将来成为具有奉献精神、高尚情操的倡导者和实践者，为构建新时代的“大同社会”做出贡献。

三　服务研习与公民意识、社会责任感的培养

服务研习提倡关注社会，强调世界公民意识和社会责任感概念。这与中国传统儒家文化、当代社会主义国家的发展方向和中国高校提倡的公民教育相互呼应。服务研习提倡的公民参与在中国教育界有坚实的社会基础和广阔的发展空间。虽然服务研习的理念起源于美国，但把“服务社会”作为教育的主旨在中国传统价值观和儒家思想中早有体现。自古以来，中国的文人墨客寒窗苦读，奋发图强，就是希望可以服务民生、匡扶社稷、报效国家。从春秋战国时代开始，“格物，致知，诚意，正心，修身，齐家，治国，平天下”[①]（先通过对万物的认识研究获取知识，用知识使自己意念真诚，而后端正心思，修养品性，最后管理好家庭，治理好国家，为百姓创造一个太平盛世）就一直是许多知识分子尊崇的信条。所以，对知识的学习是服务的基础，有效地开展服务是学习的目标。

青年人作为国家未来的建设者，更要时刻保持“家事国事天下事，事事关心”的态度，用所学的先进思想和理念为社会做出贡献。《论语·子张》中的“仕而优则学，学而优则仕”（做官的事情做好后，要更广泛地学习以求更好；学习优秀后就应去做官，以便更好地推行仁道、服务社会），进一步阐述服务和学习之间相辅相成、相互促进的紧密关系。但此处的“仕”可以由狭义的从政为官推及各行各业。关注社会、改善民生不应该被身份地位、年龄背景所限制，作为社会的一员，每个人都有责任也有能力改善社会问题，积极帮助他人，小至身边社区，大至国家、世界。

---

① 戴圣编《礼记·大学》。

在当今的中国社会，青年人接受了多年的系统教育并且有一定的专业水平，注定会成为服务民生、推动社会发展的主力军。因此，在学生离开校园、走上不同岗位之前，应及早探索世界的本质，认识、了解身处的社会，学习调整心态，筹划未来。中国作为一个迅速壮大的发展中国家，青年一代需要面对不断涌现的社会问题，既要考虑全球性的问题与挑战（例如，全球变暖、金融危机），又要面对区域性或自身特有的难题（例如，老龄化、贫富差距大、住房紧缺）。服务研习鼓励学生构想并实施解决问题的方案，在实践中进行自我提升和完善。在学校中就培养他们对社会问题的敏锐观察力，并通过服务的方式检验解决社会问题的方案，开阔眼界、思路，总结经验，以确保他们在离开校园、踏入社会时已经是有明确目标和熟练技能的社会建设者。因此，推行在服务中学习的实践教学法顺应历史发展趋势，符合当代社会发展的要求。

服务研习的结构特点使其可以通过多样化的学习模式全面促进学生的能力培养，将中国传统儒家思想同国际化的服务研习理念相结合，在顺应全球化时代潮流的同时，也将中国传统文化发扬光大。向世界学习，让世界了解中国。不过，儒家思想没有明确提出系统的操作方式，包括系统的反思，联系理论知识和相关实践的方法，怎样推陈出新建立新理论、设计新方案，等等。儒家思想可以成为服务研习的精神支撑和基础，服务研习更可以成为推广儒家思想的一种教育理论和方法。

事实上，本着培养高素质全面人才的教育理念，中央早在20世纪中期就开始提倡并颁布相关政策，鼓励高校重视学生实践能力、道德品格和社会责任感的培养。各大高校也积极配合，组织开展多种大学生社会实践及志愿者活动，带领学生走进社会，深入群众，为社区建设做出积极贡献；同时，也在一定程度上增强了学生关怀他人、关注社会的责任意识。这些活动的目标与服务研习的精神相一致，所以服务研习的理念其实早已在中国教育中扎根。

由于思想、理念的相似性，有些学者误将服务研习等同于传统的志愿服务，认为如果高校已经开展志愿者活动就无须再重复推广服务研习。这种看法忽略了志愿服务的缺点和局限性（例如，形式内容单一空泛、学生参与的积极性不高，服务内容与专业关联较弱，缺乏有效评估，等等）以及服务研习的完整性。“志愿服务”只是服务研习的一个环节，完整的服务研习还包括培训、反思、评估、对社区需求的深入调查及服务与理论知识挂钩等。下文会首先分析中国高校志愿者活动的现状，然后讨论服务研习可以如何完善志愿者活动。

第三节　服务研习与中国高校志愿者活动

一　中国高校志愿者活动现状及完善空间

在 20 世纪 60 年代的“学雷锋”风潮的引领下，中国的志愿者活动发展迅速，参与人数逐年递增，规模、影响日益扩大。作为志愿者队伍中的中坚力量，大学生具有专业知识丰富、思想觉悟较高、热心社会公益等特点。中央相关部门一直大力强调培养大学生思想品德和社会责任感的重要性。各大高校都积极响应号召，开展社会服务及志愿者项目，大大提高了大学生志愿者活动的规范性和系统性。

中国高校志愿者活动的首要特征就是规模大、影响广、参与人数众多。例如，从 1996 年开始至今的高校学子“三下乡”活动，在全国范围内每年都有数以百万计的大学生利用暑期组成志愿者服务团队，深入贫困落后的农村地区围绕主题——“文化、科技、卫生”——开展“三下乡”服务，并且在“保护母亲河”（保护黄河、长江及其他主要江河）的大型国家生态建设、环境保护项目中大学生也贡献了巨大力量。同样，关爱留守儿童的志愿服务活动、2007 年的上海特奥会、2008 年的北京奥运会中更是有数以万计甚至上百万的大学生积极参与志愿工作，有效改善了社会问题，为和谐社会的建设做出了贡献。除了全国性的大规模项目，各个高校也在地方上积极开展志愿服务工作。这些活动/工作将高校学生的报国热情和知识技能与国家建设发展的实际需要紧密结合，既满足了社会需求，又促进了青年一代了解国情，关心社会，形成正确的价值观和人生观。中国高校的志愿者活动在某种程度上无疑促进了中国社会发展。然而，对增长大学生的实践经验来说，仍有进步的空间。

下面，笔者将浅谈其优缺点，并提出相应的建议、对策。

（一）统筹有序，但应提高学生的积极主动性

中国高校的志愿者活动普遍是在响应上级号召下的行动，由上级将任务下达给下级，再由下属单位操作执行。这种自上而下的行政方式在大力推进志愿者活动方面有一定的优势，包括活动资源充裕、人员调配灵活、组织统筹有序等，从而形成服务规模大、参与人数多、服务对象广等特点，能够快速、有效地解决突发社会问题（例如，自然灾害后的安抚善后），满足大型社会活动对服务的需求（例如，奥运会的筹备、迎宾）。然而，这种统一管理、集体参与的志愿者活动由于受到上级政策和命令的影响，也略有一定的强制意味，导致一些“被志愿”情况的出现。[①]以完成任务为目的被动式参与不能有效调动学生的积极性，使公益活动在服务社会、锻炼学生的成效上不能达到最佳效果。另外，许多大学生志愿服务工作多为短期一次性的服务活动，缺乏系统性和前瞻性，甚至流于形式，无法将项目深化、可持续地发展下去；统一筹划、提前设定的服务内容也往往存在内容刻板单一的弊端，没有为学生留出想象、创新的空间。[②]

为了优化已有的高校志愿者活动，项目设计应该遵循大学生

---

① 蓝采风、许为民：《服务－学习在高等教育中的理论与实践》，杭州：浙江大学出版社，2011，第 210 页。

② 刘霞、孙欣彤：《高校青年志愿者活动的认识及思考》，《山西教育》（教学）2011 年第 10 期。

的心理特点。首先，在内容与形式上可以更加丰富和多元，学生可以根据自己的兴趣选择参加不同的项目。其次，增强活动与活动之间的关联性，可以在同一领域持续开展进阶性的项目。这既有利于学生的持续性学习与成长，也有利于与社区合作伙伴建立长期的友好合作关系。最后，提高学生在项目各环节的参与度，从筹备、设计到实施评估，增强学生对活动的认同感及归属感，锻炼其创新思维。达到以上目标的根本方法是变被动为主动，变单一为多元。中国高校传统的志愿者活动是自上而下统一安排设定的，而服务研习这种当代先进的教学法提倡的是自下而上的主动性。这种灵活、动态的开展方式使得项目的内容形式丰富和多样，并可根据学生的需求和课程的特点进行调整，最终有效调动学生的创造性和积极性，使其自愿自主、主动热情地投入社会服务中。现在，世界各地的许多高校都在以不同模式开展服务研习，受到学生的欢迎，得到社会的认可。

（二）侧重服务精神，但应加强与理论课程的关联

高校组织的志愿者活动普遍重服务、轻学术。服务目的以贡献社会、帮助他人为主，但活动内容相对较浅，与大学生专业知识的联系较弱。虽然在帮助弱势群体、改善社会问题上有一定成效，但却没有很好地实现让大学生通过实践服务学以致用的目标。一方面，简单、统一的服务内容和无针对性的实践模式无形中浪费了高学历青年学生的知识技能优势，难以发挥人尽其才、物尽其用的效能；另一方面，在改革开放及人民群众受教育水平大幅提高的影响下，当代青年的自主意识、独立思考能力普遍增强。与专业知识脱节的社会服务性质单一、结构简单，缺乏挑战性，对学生的吸引力不足，无法长期可持续地发展下去，[①]因此常常被认为是“课外活动”和简单的“学雷锋做好事”，[②]是与大学

---

① 沈丽娟、吴江武：《提升高校青年志愿者活动质量的几点思考》，《宜春学院学报》2011年第33卷第5期。

② 韩晶：《当代大学生参与志愿服务的障碍研究》，《青年研究》2003年第1期。

课程无直接关联的附属项目。调查表明，九成大一新生对参加学校组织的志愿者活动热情高涨，但能坚持长期积极参与的学生不到一成。[①]这种参与积极性的骤减是否应该引起我们的反思呢？

大学生风华正茂，正值充满热情和理想的美好年华。他们往往迫切希望将课堂所学运用到实际生活中。如果能透过参与社会服务的形式锻炼其专业技能，势必会大大提高其参与的积极主动性。服务研习这种将服务与学习合二为一的新模式，使大学生在志愿者活动中的角色有了质的转变：由单一的服务提供方转变为共同受惠方，通过经验学习的方式达到自我完善和提升。这也可以帮助大学生树立正确的服务态度，不会视服务活动为好心“施舍”而抱有高傲轻率的心态；反之，视服务对象为互帮互助的伙伴朋友，谦虚、积极地向其学习，保持尊重、关心的友好平等关系。

另外，通过服务研习联系学术与义工活动具有很强的操作性和灵活性。高校可以针对不同学科的学生安排与其专业密切相关的服务研习项目，也可就同一专业中不同学生的具体背景和水平做出相应调整，甚至可以开展递进式项目，例如，就某一特定主题逐渐深化内容，随着学生年级升高而增加项目难度。这种因材施教的方法不但遵循青年人的思维发展规律，让他们可以在服务研习过程中循序渐进地自我提高和自我完善，更为跃跃欲试、期待将所学应用于实际的青年学子提供了实践平台，从而激发学生的参与积极性。

（三）侧重服务效果，但应完善反思及评估体系

加强服务与学术的联系，为学生提供更广阔的学习空间和资源属于外部环境及客观有利因素，而学生自身进行积极思考、总结反思则属于内在的动力和主观能动性。有利的客观因素只

---

① 张健、卢振雷、蒋丽媛：《后奥运时代大学生志愿服务调研分析》，《中国林业教育》2010 年第 3 期。

有在主观因素的推动下才能起作用。换句话说，如果服务项目和相关课程都设计得非常好，教师、学校及社区合作伙伴都大力支持、密切合作，但参与学生没有在活动过程中主动思考、观察，进行有效反思，其学习成果和自我成长会非常有限。比较可惜的是，目前高校的志愿者活动大多注重服务项目本身，学生以完成任务为目标，一旦任务完成就视该项目结束，使得服务变成被动、机械的体力劳动。即使有一些非正式的分享活动，也很少进行正规、系统的反思总结。这在促进学生积极思考和主动学习的过程中显现出较大的局限性。而如何评估、测量志愿服务对学生的影响又是另一个值得深入探讨的课题。准确评估学生在服务中的表现能有效帮助老师掌握学生的情况，不断完善服务活动的开展模式，力求在社区服务和学生自我提高上达到双赢。虽然某些高校要求社区服务机构确认学生是否完成项目或具体服务时数，但大部分高校都没有制订评估志愿者活动的专项方案，使得评估活动效果和学生表现的工作难以进行。

服务研习则强调反思的重要性，更有利于培养学生积极学习和分析总结经验获得新知的能力。研究表明，社会服务中的反思活动能有效促进大学生对社会问题进行深入了解。在已获得的经验基础上进行批判性思考，分析项目优缺点，提出改善方案和获得新知。组织系统性和规范化的反思与评估，不仅仅可以通过启发指引的方式促进学生主动思考，使学生内化在服务中获得的个人体验和认知，更能帮助老师观察了解学生在服务过程中的表现，从而制订更能促进学生成长的服务计划。反思的形式可以多种多样，例如写反思日志、举办反思分享会、进行小组讨论和反思汇报等。许多开展服务研习的院校已经建立良好的评估系统。例如，香港岭南大学就采用前后测问卷调查对比、聚焦小组、反思论文等方式对参与项目的学生进行全面评估，及时了解服务研习项目对学生及社区的影响，并不断改善服务方案，精益求精。

二　服务研习如何完善中国高校志愿者活动

高校的志愿者活动在设计、内容、开展模式、评估等方面都亟待完善，而服务研习可以完善高校志愿者活动，从根本上改善社会实践项目的缺陷和面临的问题，进一步加强人才培养。虽然服务研习与传统的志愿者活动、社会实践、实习项目都是区别于课堂理论学习、鼓励学生深入社会的体验式教育，但它们之间存在本质的差别（见图1）。

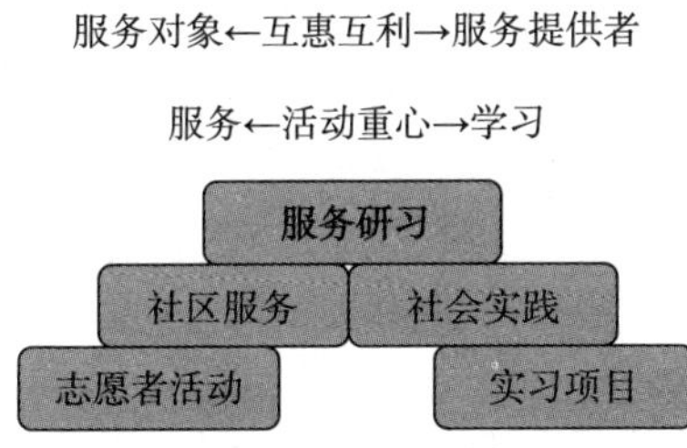

图1　服务研习与其他志愿性、实践性社会活动的关系

资料来源：Furco，A. 2003. Service-Learning：A Balanced Approach to Experimental Education. In *Introduction to Service-Learning Toolkit*，2nd Edition. Providence：Campus Compact，pp. 11 – 14。

服务研习是一套系统、完整的新型教学法，有坚实的理论基础和项目实践操作性，可以同时为社区及学生带来全面的改变；而普通的志愿者活动和实习项目只能在特定的单一方面产生影响。志愿者活动重点强调无私奉献精神，以成功地帮助弱势群体或服务社区为最终目标。此类活动多用于加强学生思想道德教育，对专业知识的应用没有明确要求。实习项目重点强调专业领域的社会实践，以锻炼学生在学科相关行业的实践操作能力。此类项目与学生学科知识联系紧密，但与奉献精神和服务理念的培养无直接关联。服务研习将两者相结合，使德育教育与专业培训高效融合，既能够增强学生的公民意识及社会责任感，又能促进学生对所学理论知识的应用和理解，使社会服务活动不再是课业以外的附加项目，打破德育教育与专业培训在时间和资源上的竞争关系，建立二者相辅相成、互相促进的新关联。

在组织管理上，志愿者活动或实习项目主要是由学校的某一部门进行统一安排和筹划，例如大学学生处、教务处、学生社团等。这样的统一管理、规划可确保项目按计划进行，顺利实施，收到预期效果。但是，社区服务对象、学生，甚至课程老师都容易成为被动的参与者，造成社区真正的需求未得到满足、师生积极性不高等后果。服务研习强调学生、课程老师与社区之间形成主动合作的关系。在项目初期，老师与学生就要与社区代表商讨社区面对的问题、真实的需求、希望的合作方式及对学生专业技能的培训等，随后再进行项目设计。在筹划过程中，实施方案也可随着情况变化和具体要求进行调整。这样的活动形式可以激发师生的创意，提高学生的组织能力、沟通技巧及专业应用能力，也能为社区带来切实的益处。因此，学生既是服务方又是受益方，而老师和社区服务机构成为“共同教育者”，利用各自的专业知识促进学生成长和发展。

由此可见，服务研习可以从多方面有效提高中国高校志愿者活动与社会实践项目的质量和影响力。而服务研习的灵活性更使得各高校可以在自己现有的志愿者活动和项目的基础上开展服务研习，根据自身特色寻找最佳实践模式。中国内地的一些高校已经开始意识到服务研习教学法的先进性，开始陆续引入这个概念，并在各自院校加以实践。

三　服务研习在中国高校的萌芽

虽然服务研习在内地仍处于起步阶段，但很多高校已经认识到这种新型教学法的重大意义和益处，开始关注和开展相关项目。浙江大学宁波理工学院及汕头大学已开始积极尝试这一教学法并获得好评（见表1），由汕头大学主办的“2012 年中国高校专业志愿服务发展论坛”也顺利召开。17 所大陆高校、4 所港台大学及5个社会团体积极参加，促进了大陆与港台地区在服务研习领域的学习和交流。但目前大部分中国大陆高校对服务研习的认识还主要停留在学术讨论、理论研究和对国外高校经验进行分析上，非常欠缺实际操作。

表1　浙江大学宁波理工学院及汕头大学服务研习模式

院校名称	学校支援	课程设计	评估	资金来源	核心价值	本质
浙江大学宁波理工学院	大学各部门的教师、相关的政府部门	与课程紧密相关，有学分的服务研习项目（例如，与新闻专业结合的服务研习项目——“行走的新闻”）	通过召开年度报告会议和年度新闻嘉奖等形式进行项目评估和反思	大学、相关政府部门	• 宣传服务精神，增强学生的社会责任感 • 加强学生的专业学习 • 积极、主动的学习理念，教学改革和创新	以社区为本的服务研习计划（开展形式：从专业学科出发的社会实践活动）
汕头大学	各个学院、汕头大学医学院医疗扶贫办公室	将课堂教学、经验性教学、服务研习和农村服务相结合，不同学院分别开设了多达50门有学分的公益课程	通过召开报告会及反思会等形式进行项目评估和成果分享	李嘉诚基金会	• 博雅教育，全人发展，理论与实践学习并重 • 鼓励学生关心、帮助弱势群体，满足社区需求，开展有组织的服务研习项目	国际与本地以社区为本的服务研习计划；研究型服务研习计划（与专业课紧密相联）

香港岭南大学作为亚太地区发展服务研习的领头羊，于2006年成立了专门的“服务研习处”并取得实效和佳绩，同时积极推广服务研习至中国内地。首先，香港岭南大学从2012年开始与6所内地高校进行合作，支持他们开展了13个服务研习试点项目（项目介绍见附录一）。合作院校分别是：中山大学、广西医科大学、华南师范大学、华南理工大学、北京师范大学－香港浸会大学联合国际学院及珠海城市职业技术学院。在完成首轮试点项目后，所有合作院校都对进一步合作发展服务研习项目表现出极大

的热情。例如，多所大学正计划将服务研习与校内通识教育进行有机结合，将服务研习与更多的专业课程挂钩，甚至开设服务研习学科，等等。随着 2013 年 6 月由香港岭南大学和广州中山大学合作举办的“第四届亚太地区服务研习会议”的召开，社会各界进一步加强了对服务研习的关注，包括高校、政府、商界及社会企业等。

总而言之，中国高校开展志愿者活动、社会实践、素质教育和通识教育的目的都是为了帮助大学生培养健康人格，提升精神境界，促进人文发展和社会关怀，使大学生成为德才兼备、能够承载文明的君子以及视野开阔、有社会责任心的公民。这些与服务研习的宗旨和目标都完全契合。而服务研习系统全面、灵活性与操作性强等特点使其可以很好地融入高校现有的志愿者活动，完善不足，改善缺点，进一步完善人才培养机制。

对服务研习与当今中国高校教育理念关系的讨论*

第一节　服务研习与博雅教育的关联和相互促进

——以中山大学岭南（大学）学院的实践为例

一　博雅教育的含义

博雅教育，即 Liberal Arts，是一种给美国等西方国家带来巨大影响的教育模式。乔纳森·贝克尔（Jonathan Becker）将其定义为“为培养学生的学习欲望、批评性思维、有效交际以及公民义务的能力而建立的高等教育体制”。①哈佛大学杜维明教授考察了中国大陆、美国、中国香港和中国台湾的博雅教育后是这样总结的：博雅教育在中国大陆被普遍称为素质教育，美国称为 Liberal Arts Education，中国香港称为博雅教育，中国台湾称为通识教育。虽然对博雅教育的叫法不同，但是各方都一致认为在传授

---

* 虽然服务研习的概念起源于美国的“Service-Learning”，但不同地区的高校根据自己的办学特色及教育理念，对其有不同称呼，例如“服务学习”、“公益课程”及“公益学习”等。虽然名称不同，但根本理念和目标一致，因此本书在案例分享的章节会保留各个院校对服务研习的不同称呼。

① Jonathan Becker：《博雅教育的内容》，岳玉庆、瀛莉华译，《开放时代》2005年第3期，第24～34页。

专业知识的同时，大学应该注重通识教育，提供人文训练，培养人文素质。

二　服务研习的发展现状及与博雅教育的关联

在美国，服务研习源于传统的体验式教学法。但服务研习与学校课程相结合则是在20世纪70年代才开始出现。1967年，教育学家罗伯特·西蒙和威廉·拉姆齐共同提出了“服务研习”这个词，即结合有意识的教育学习与完成任务式的教育学习，以满足社会上人们的真正需要。

服务研习作为博雅教育的一种载体，日益受到国内教育领域学者们的重视。在服务研习制度发展最成熟的美国，探索和体验式教学早已融入学生的日常生活中。教育学界也从来不乏对服务研习的探讨。美国学者肯多尔（Kendall）在1990年的报告中曾指出，有关服务研习的定义从文献中可以找到147个。[①]比较典型的定义是：以学习为主，侧重建立起服务与学习之间联结方式的一种结构性教学法，以在实践中培养学生各方面的素质。由此可见，服务研习和博雅教育在目标上是高度一致的，它们都旨在提高学生的综合素质，让学生成为全面发展的人才。[②]

近年来，服务学习作为一种被美国、中国台湾、中国香港等国家和地区的高校广泛运用的体验式教育模式，在推进过程中，也逐步被我国大陆高校引入大学课程体系。例如，中山大学岭南（大学）学院秉承“作育英才，服务社会”的院训，在吸收境内外已有经验的基础上，大力开展博雅教育和服务研习，探索将两者有机结合、相互促进的方法，并取得了一定的成果。

---

① 参考论文网站地址：http://fzgh.nchu.edu.cn/ReadNews.asp? NewsID = 6194。

② 李福春、李良方：《美国高校服务－学习：审视与反思》，《中国高教研究》2013年第5期。

三　博雅教育和服务研习在中山大学岭南（大学）学院的开展

中山大学岭南（大学）学院是中山大学直属的一个经济管理学院，与成立于120多年前的岭南大学有着深厚的历史渊源，Education for Service作为岭南大学的校训，强调服务研习和博雅教育的作用。自1989年成立以来，岭南（大学）学院以行动实践“Education for Service”（作育英才，服务社会）的岭南教育传统，为建成国内领先、国际一流的经济管理学院而不懈努力。由此可见，岭南（大学）学院注重开展服务研习和博雅教育的教育传统已有25年。

中山大学岭南（大学）学院自2012年本科教育教学改革以来，注重博雅教育与专业教育的平衡。在博雅教育方面，一方面学院大力开展与博雅教育相关的活动，如举办岭南大讲堂博雅教育系列讲座等；另一方面，也不断鼓励学生参与到服务研习中，并支持学生自发组织服务研习活动。其中，不乏一些十分有借鉴意义的案例，如“西关小屋社区服务研习”项目、岭南青年志愿者协会项目、“走进社会”调研等；从这些案例中，我们可以看到博雅教育和服务研习是如何相互促进的。

岭南大讲堂博雅教育系列讲座作为中山大学首批校级实践育人精品项目，秉承“究学术之风雅，探文化之广博”的宗旨，在主题选取、联系嘉宾方面，都强调同学的自主参与和管理，同时也得到美国岭南基金会、学校和学院的大力支持。此系列讲座意在让广大同学从中得到文、史、哲、艺等各方面的熏陶，培养理性、健康的情感，开拓国际化的视野，让学生追求卓越并将认识转化为自身的内在修养和精神气质，在此基础上立德、立言、立行，做一个具有广博知识和儒雅气质的人。此系列讲座目前已经举办了20多期，形成了一定的品牌。

岭南青年志愿者协会（Lingnan Volunteer Association，简称

LVA）是一个致力于服务社会的学生公益组织。自2004年成立以来，以“用所学去服务，在服务中学习”作为宗旨，热心助人，孝老爱亲，积极发现社会弱势群体的需求，并有针对性地开展了多项社会公益服务活动。10年来，共举办公益活动132次，参与活动的志愿者超过6500人，服务人次超过68000人次。开展的活动包括流动人口子弟学校的义教活动、针对孤寡老人的平安钟热线活动以及充分利用学院交换生资源开办的外来劳务工子女英语口语课堂等。这一学生自发成立的组织践行了服务研习与博雅教育的内涵，服务的对象有老人、小孩、大学生、政府部门，服务的地区有城市和偏远地区的乡村。这些公益活动，让同学们在度过有意义的课外时光的同时，也增强了同学们的公民意识和社会责任感。

2013年8月，岭南（大学）学院2011级338名本科生由18位老师带队，分赴广东省的湛江吴川、清远连州及河源紫金三地的农村地区，开展为期6天的“‘走进社会’——广东金融生态调研”的实地调研活动，并根据收集到的调研数据，写作出版了《广东农村金融发展白皮书》、《广东大众富裕阶层财富白皮书》作为此次活动的成果。通过此次活动，同学们磨炼了意志、经受了考验，在实践中活用理论知识，认识国情，了解民生，也认识了自我，得到了快速成长；此外，同学们通过亲身调研获取的第一手资料，为剖析广东农村金融的现状及其变化轨迹、了解广东当地的金融环境和发展机遇、推动行业发展和企业发展提供了更多重要的信息，对服务广东民众有着重要的意义。可以说，通过服务研习，学生所受的教育和学生对社会的服务与贡献高度地结合在了一起。

在上例中，中山大学岭南（大学）学院的同学们，一方面践行了内容丰富的服务研习，在服务研习的过程中，充分运用从博雅教育中学到的包括法律、教育、社会工作等方面的知识，通过调研等方式，提高了自身的学术研究能力；另一方面，在服务研习的过程中，同学们也提高了自身的人文素质，加强了人文关怀。由此可见，服务研习和博雅教育的目的与主旨是一致的，二者能相互促进。

四　让服务研习和博雅教育更好地相互服务、相互促进

总结中山大学岭南（大学）学院的经验可以看出，要让服务研习和博雅教育更好地相互服务、相互促进，关键要做好以下两个方面。

第一，既大力鼓励学生自发开展服务研习活动，也采取多种形式，大力践行博雅教育。作为现代博雅教育的主要参与者，大学生有高涨的热情和强烈的探求未知世界的欲望，他们擅于发现身边的问题，并十分渴望投身实践活动中。若加以引导，便可以让学生积极投身到与博雅教育相关联的服务研习活动中。大学生的创造力是无穷的，让学生自发组织和开展服务研习活动也正对应了博雅教育对学生各方面能力培养的要求，让服务研习的主题与专业知识紧密联系。具体而言，从学校、学院的角度，要注意和各社区、企业、高校建立与加强长期合作关系，让服务研习制度得以稳定长久，让博雅教育拥有稳定、充足的资源；可充分利用课余时间及寒暑假，大力开展服务研习项目，使学生有充足的时间和机会参与其中。

第二，在规划、开展服务研习和博雅教育时，有意识地、科学合理地将两者有机结合起来，使之相互促进。博雅教育源于日常的教学活动，若以服务研习为契机，引导学生将所学知识在实践中加以应用和巩固，不但会提高学生的积极性，也可以让博雅教育同时服务于日常的教学。反过来，如果服务研习和博雅教育相互脱离，服务研习则可能沦为纯粹的技能学习或工作经验积累，而失去了“研习”的应有之义。因此，学校/学院在开展服务研习和博雅教育之初，要有长期、整体的教学规划，在实施的过程中，也应注意将两者的内容、主旨紧密地结合起来。例如，学校/学院在进行课程规划时，可开设服务研习类课程，或有意

识地在已有课程中加入服务研习的内容，等等。

学校简介

中山大学是由孙中山先生亲手创立、有着一百多年办学传统的综合性大学，是国家“211 工程”、“985 工程”重点建设大学。注重“大学是学术共同体”，强调“教授就是大学”，把“善待学生”放在学校工作的核心位置，这三点已经成为中山大学办学的核心理念。学校以培养具有国际视野、满足国家与社会需求的高素质复合型拔尖创新人才为目标，着眼于培养“具有领袖气质的文明的现代人”，强调学生应该知礼、诚信，勤奋、阳光，敢于超越，勇于担当，并有职业准备。这样的大学培养目标，让中山大学着眼于学生的未来发展，对他们的一生负责，这是学校“善待学生”办学理念的深层内涵。在本科人才培养教育上，学校形成了“通识教育、大类教学、复合创新”的观念；在研究生教育方面，积极推进分类培养，以培养具有强烈创新意识并取得创新性成果的博士为研究生教育的首要任务，同时大力发展专业学位教育，培养高级实用型专门人才。

学院简介

中山大学岭南（大学）学院是中山大学直属的一个经济管理学院，秉承孙中山先生“博学、审问、慎思、明辨、笃行”的校训，锐意进取，致力于教育国际化改革的探索和实践，以行动实践“作育英才，服务社会”的岭南教育传统。

第二节　对服务研习提高医学生综合素质与心理资本水平的探索性研究

20 世纪末以来，志愿服务已成为新思潮，联合国在 2001 年发表的《全球志愿者宣言》中甚至宣称已进入“志愿者和公民社会的时代”，同年中国颁布的《志愿服务法》，使志愿服务成为参与和实践公民责任的新途径。但目前的青年志愿者行动绝大部分还停留在社会公益服务和便民服务这一基础层次上，缺乏服务深度与专业培训，服务强调单方的奉献，且缺乏反思互动，影响了包括社会实践在内的志愿服务的主动性、积极性、实效性和可持续发展。①医科院校也不例外，而且目前医疗界存在突出的违反职业道德的不良现象，医患关系日趋紧张，人文精神失落，价值观和世界观发生扭曲，这一切都呼唤医学必须回归人文传统，医学生的人文教育与综合素质亟须加强。因此，本研究尝试从服务研习模式角度探索提高医学生综合素质、医德水平的可行性，同时分析服务研习模式对提高医学生心理资本水平的实际效果。

一　服务研习、心理资本的发展现状及二者对提高医学生综合素质的意义

对服务研习这一教学法国外研究得比较早，取得了比较丰硕的成果，已被西方发达国家和中国香港地区的大学广泛运用于大学生的人文关怀教育和社区领袖、社区服务者的培养中，而中国内地的相关研究还处于初始阶段。本节所指的服务研习模式是课堂教育与基层服务相结合的医德教育模式，是具有针对性、循序渐进、由浅及深的教育模式。它打破了传统的以课堂教授为主导的方式，通过基层体验、调研、专业服务等方式，使学生们接受生动、直接的医德教育。服务研习在加强医学生人文医学教育与提升医学生综合素质方面的意义主要体现在如下几个方面：一是创新方法，依托实践巩固课堂学习成果，实现专业服务与广泛服务的有机结合；二是倡导体验，为个人提供发展平台，引导个人发展与社会服务有机结合；三是注重激励，以责任感强化医学生公民意识，

① 蓝采风、许为民：《服务－学习在高等教育中的理论与实践》，杭州：浙江大学出版社，2011，第210～211页。

实现政治导向与公民教育的有机结合，提升其综合素质。[①]

心理资本是个体在成长和发展过程中表现出来的积极心理状态，包括自我效能、韧性、希望、乐观四个方面。具体表现为：在面对挑战性的工作时，有信心（自我效能）并能付出必要的努力来获得成功；当身处逆境和被问题困扰时，能够持之以恒，迅速复原并超越（韧性），以取得成功；对目标锲而不舍，为获得成功，在必要时能调整实现目标的途径（希望）；对现在与未来的成功有积极的归因（乐观）。[②]Luthans 等在 2005 年指出，旨在从根本上打造人的竞争优势的研究已由传统的财力资本、人力资本及社会资本研究逐步转向对人的核心心理资本方面的研究，即心理资本是人的核心竞争力高低的重要衡量标准。[③]学者们在大学生、医务人员、公司职员、农民工等群体研究领域取得的一些研究成果，证实了这一结论。研究发现，心理资本不仅是增强个体核心竞争力的重要因素，[④]也是影响个体心理健康的重要指标，如个体心理资本水平与个体的焦虑、抑郁、强迫、敌对、偏执、孤独感、人际交往、学习倦怠等心理症状成显著的负相关。[⑤]对心理

---

① 梁永锋：《“服务研习”运用于人文医学教育的理论思考与实践探索》，《2012 年广西人文医学发展报告》，南宁：广西人民出版社，2013，第 1463 页。

② 〔美〕Frud Luthans：《心理资本》，李超平译，北京：中国轻工业出版社，2008。

③ Luthans, F., Avolio, B. J., Walumbwa, F. O., & Li, W. 2005. The Psychological Capital of Chinese Workers: Exploring the Relationship with Performance. *Management and Organization Review*, Vol. 1, pp. 247 - 269.

④ 隋杨：《变革型领导对员工绩效和满意度的影响：心理资本的中介作用及程序公平的调节作用》，《心理学报》2010 年第 44 期，第 1217 ~ 1230 页；吕兆华：《大学生心理资本与就业力的相关性研究》，广西师范大学硕士学位论文，2012。

⑤ 仲理峰：《心理资本对员工的工作绩效、组织承诺及组织公民行为的影响》，《心理学报》2007 年第 39 期，第 328 ~ 334 页；张阔：《积极心理资本：测量及其与心理健康的关系》，《心理与行为研究》2010 年第 8 期，第 58 ~ 64 页；黄慧：《大学生心理资本与心理健康的相关性研究》，广西师范大学硕士学位论文，2011；李颖玲：《心理资本理论研究评述》，《科技管理研究》2011 年第 8 期，第 203 ~ 208 页；何昭红：《大学生就业力自评量表的初步编制》，《高教论坛》2012 年第 11 期，第 123 ~ 126 页。

资本的前置影响因素、本土化研究及开发策略进行研究是未来的研究方向。①由此可见，提高医学生的心理资本水平对提高该群体的综合素质、增强其核心竞争力具有重要的意义，对提高医学生心理资本水平的开发策略的探索也具有积极的意义。

二　提高医学生综合素质与心理资本水平的服务研习探索

广西医科大学基础医学院在提高医学生综合素质、加强人文医学教育方面进行了积极的探索，如与汕头大学李嘉诚基金会医疗扶贫办公室联合开展 2012 ~ 2013 年医学生社区服务研习活动，将课堂教育、体验式教育、服务研习式教育与社区医疗服务有机结合。现以基础医学院长学制学生 2012 ~ 2013 年社区医疗服务研习计划（活动次数 1 ~ 9 次）为例，服务研习一般包括准备、服务、反思和评估四个阶段。现具体介绍如下。

（一）准备阶段

师生共同制订社区医疗服务研习计划，计划内容包括选定医疗服务的主题、确定活动目标、实施时间、地点和经费预算。教师对参与学生进行计划实施前的培训，内容包括社区服务研习的理念，专题调研的策划与实施，高血压、中风、风湿病等常见病的知识，人物访谈的方法，视频制作，分享会的策划，安全教育，等等。培训方式有专家专题培训、座谈、角色模拟扮演、实践操作等。学生作为主体也做了相应的准备：确定服务社区的需求，制定具体的服务研习目标，开展服务活动，寻找和争取社区居委会、党支部的支持，接受开展服务活动所必需的知识培训及具体训练。此阶段要有效地引导学生规划自己的时间和活动，面

① 柯江林：《心理资本：本土量表的开发及中西比较》，《心理学报》2009 年第 41 期，第 873 ~ 888 页；陈海卿：《心理资本理论研究展望》，《企业经济》2011 年第 1 期，第 73 ~ 75 页。

对不确定性，锻炼适应变化的能力；强化其自我调整的能力，认识到不断进行自我提升的重要性和个人的局限性；学会通过有效的团队协作与有关医疗保健行业的其他专业人员合作共事，进一步了解对群体的健康起重要作用的生活方式、遗传、人口、环境、社会、经济、心理、文化各方面的知识；理解在健康促进干预中需要各方共同行动与合作，包括接受卫生服务的人群的合作和卫生保健各部门间的合作；提出假设，收集并评估各种资料，从而解决问题。通过以上做法，达到了初步培养医学生掌握《全球医学教育最低基本要求》中的职业价值、态度、行为和伦理，医学基础知识，沟通技能，群体健康和卫生系统，批判性思维和研究能力等，进一步提高医学生的综合素质。

（二）服务阶段

各小组根据分工开展相关的服务。例如，辅助义诊组的学生在带队医疗专家的指导下，免费发放药品，给当地居民做常规体检，为医生提供诊前材料；宣讲组的学生根据当地高发病、地中海贫血及当地的卫生状况制作简易海报、横幅来宣传并进行健康知识讲解；等等。通过此阶段的活动，锻炼了医学生的以下能力：注意倾听，收集和综合与各种问题相关的信息；会运用沟通技巧，对病人及其家属有深入的了解；有效地与教师、社区、其他部门以及公共媒体进行沟通和交流；建立和妥善保管医疗档案；对病人的健康状况进行评价和分析，并指导病人重视生理、心理、社会和文化等影响健康的因素；发展独立、自我学习的能力。通过以上做法，达到了初步锻炼医学生掌握《全球医学教育最低基本要求》中的沟通技能、临床技能等，也提高了医学生的自我效能感、韧性，进一步提高了医学生的综合素质及心理资本水平。

（三）反思阶段

反思即学生批判地思考服务体验。活动结束后，医学生就服务反馈结果进行小组讨论、反思。反思方式包括个人与小组分享、撰写心得体会、制作视频、撰写专题调研报告、与社区座谈等。实践表明，邀请当地社区工作人员、服务对象代表参加反思讨论，效果更好。此阶段非常重要，对学生的服务态度有积极的影响，也使学生的医学科学基础知识得以巩固，批判性思维和研究能力得以锻炼，有利于医学生的综合素质及心理资本水平的提高。

（四）评估阶段

此阶段的主要目的是检验社区医疗服务研习计划在实施过程中的优缺点以及医学生的表现，使医学生认识到他人是如何评价自己的工作的。研究采用了心理资本量表、医学生自我评估表、导师对医学生的评估表、社区对医学生的评估反馈等评估方式。在最后的报告会上每个医学生都要跟其他医学生分享调研成果，并将调研成果做成 PPT、宣传册（光碟）、海报展板，接受评估。

三　服务研习对提高医学生综合素质与心理资本水平的效果

为了更好地研究服务研习对提高医学生综合素质与心理资本水平的效果，研究者采取定量与定性相结合的研究方法，对提高医学生综合素质与心理资本水平的服务研习进行了分析。

在定量分析方面，研究者筛选了 198 名心理资本水平相同的七年制临床大一至大三学生（开展服务研习活动前，运用心理资本问卷测试）参与探索研究。医学生被分为对照组与实验组，对照组 49 人，实验组 149 人。实验组学生参与 1～4 次（含）以上服务研习活动，对照组则没有参与服务研习活动。在整个研究过程中，运用张阔编制的《积极心理资本问卷（PPQ）》[①]（问卷含

① 张阔：《积极心理资本：测量及其与心理健康的关系》，《心理与行为研究》2010 年第 8 期，第 58～64 页。

自我效能、韧性、希望、乐观 4 个因子，信效度达到统计学标准，内容效度好，内部一致性系数在 0.9 以上）对两组医学生进行前测、后测和长效后测（活动结束后两个月进行跟踪测试），采用 EpiData 3.1 软件录入数据，最后用 SPSS 19.0 统计软件进行 t 检验分析。

研究发现：(1) 参与服务研习活动与未参与服务研习活动的医学生在心理资本、自我效能等方面均存在显著差异（$p < 0.05$），表明参与服务研习活动的医学生的心理资本水平及因子，比未参与服务研习活动的医学生要高（见表 1）。

表 1　参与服务研习活动与未参与服务研习活动的医学生心理资本情况对比（t 检验）

	参与服务研习活动（N=149）	未参与服务研习活动（N=49）	t	p
	M ± SD	M ± SD		
心理资本	3.60 ±0.50	3.36 ±0.43	3.020	0.003
自我效能	3.55 ±0.57	3.30 ±0.57	2.600	0.010
韧性	3.44 ±0.61	3.22 ±0.48	2.510	0.014
希望	3.74 ±0.63	3.48 ±0.58	2.479	0.014
乐观	3.74 ±0.59	3.47 ±0.52	2.830	0.005

(2) 对服务研习的期望、投入程度越高，对心理资本、自我效能等的影响越显著（$p < 0.05$）。见表 2。

表 2　医学生对服务研习的心态对心理子资本水平的影响（t 检验）

	期望低及一般（N=98）	期望高（N=100）	t	p
	M ± SD	M ± SD		
心理资本	3.39 ±0.46	3.70 ±0.49	4.561	0.000
自我效能	3.30 ±0.61	3.66 ±0.49	4.518	0.000
韧性	3.47 ±0.49	3.47 ±0.66	2.174	0.031
希望	3.50 ±0.59	3.85 ±0.60	4.076	0.000
乐观	3.48 ±0.56	3.85 ±0.55	4.618	0.000

（3）参与服务研习活动的次数对医学生心理资本水平有显著的影响（$p<0.05$）。参与的次数越多，医学生心理资本水平各个指标的提升越明显，表明服务研习对提高个体的心理资本水平有显著影响（见表3）。

表3　参与服务研习活动次数对医学生心理资本水平的影响

	参与一次（$N=31$）	参与2～3次（$N=75$）	参与4次及以上（$N=41$）	F	p
	M ± SD		M ± SD		
心理资本	3.55 ±0.41	3.52 ±0.558	3.78 ±0.45	3.356	0.038
自我效能	3.57 ±0.52	3.47 ±0.64	3.67 ±0.46	1.642	0.197
韧性	3.34 ±0.52	3.36 ±0.65	3.64 ±0.58	3.187	0.044
希望	3.68 ±0.53	3.66 ±0.67	3.92 ±0.60	2.462	0.089
乐观	3.67 ±0.53	3.67 ±0.63	3.92 ±0.52	2.666	0.073

在定性分析方面，研究者通过座谈、医学生自我评估与开放式问卷反馈发现，社区医疗服务研习计划大大提高了社区居民的健康意识，为居民送去了温暖，社区居委会和居民很支持社区医疗服务研习活动，很希望此活动能经常举办。广西医科大学基础医学院还与其中的三个社区、社区医院建立了长期合作关系，建立了社区医疗服务研习基地，参与活动的其他社区和社区医院也表达了继续合作的意向。研究还发现，活动增强了医学生的责任感与使命感，医学生在团队成员无私相助的氛围中，接受了深刻而生动的高校医德教育课。研究者对参与社区医疗服务研习活动的医学生进行问卷调查，结果发现，参与的同学均表示在活动中学到了课本以外的知识，深刻认识了基层的医疗现状，也对医患关系有了进一步的认识，锻炼了自己的应变能力、合作能力、表达能力和思维灵活性，提高了专业认同感，感受到医生职业的神圣与责任感。绝大部分医学生认为，在活动中感到社区医疗设备、物资、医护人员还很缺乏，对社区就医的需求有了更深层次的了解；学到了许多临床技巧以及团队建设、沟通的方法。活动结束后，研究者以“广西医科大学通过医疗服务行动探索学生医

德教育新模式”为题参加2013年广西大学生暑期社会实践优秀成果评选，荣获优秀成果一等奖。

四 结语

在实践中，研究者发现，领导重视和支持是社区医疗服务研习计划成功实施的关键；选好社区是计划顺利实施的保障；建立富有经验的培训导师、带队导师队伍是计划获得成功的基础。

实践证明，医学生参与医疗扶贫暨社区医疗服务研习计划是人文医学教育的创新，也是提升医学生医德教育效果的有效方法，对医学院校贯彻国家新医改提出的“保基本，强基层，建机制”原则和实施“卓越医生教育培养计划”，具有积极的借鉴意义。医学生到社区中服务群众的实践建立了大学生与服务对象（服务接受者）双赢的服务研习模式。服务研习能明显提高医学生的心理资本水平与自我效能感，对增强医学生的社会责任感与专业认同感、促进青年学生参与志愿服务具有积极意义，对医学生综合素质的提高和社区发展也具有积极意义。

学校简介

广西医科大学创建于1934年11月21日，坐落在具有“绿城”之称的广西壮族自治区首府南宁市。学校是全国建校较早的22所医学院校之一，是全国最早定点招收外国留学生、港澳台学生和华侨学生的8所医学院校之一，是教育部批准的有招收本科临床医学专业（英语授课）留学生资格的首批30所高校之一，是广西政府重点建设的大学之一，是广西医学教育、医学研究、临床医疗和预防保健的中心。学校现设有24个学院（含8个非直属临床医学院），2个教学部，40个研究室、所、中心，已形成本科、硕士、博士、博士后完整的医学教育培养体系，是广西高层次医学人才培养的重要基地。学校现拥有医学、理学、工学、文学、管理学、法学六大学科门类，学生来自全国 26 个省、自治区、直辖市和港澳台地区，以及 19 个国家。新的历史时期，全校师生、员工秉承“造就本省人才，为本省之用”的优良办学传统，牢记“厚德励志，博学弘医”的校训，向着“立足广西，面向全国，辐射东盟，走向世界，以医学为特色优势，医学相关的理、工、文、管、法等多学科协调发展的区域性高水平的教学研究型医科大学”的目标不断迈进。

第三节　公益课程：培养学生社会责任感的课程探索

《国家中长期教育改革和发展规划纲要（2010～2020 年）》指出，要“着力提高学生服务国家、服务人民的社会责任感”。可见，培养大学生的社会责任感是我国高等教育事业面临的一项重大的课题。而高校作为培养大学生成才、成人的主要阵地，对大学生社会责任感的培养起着至关重要的作用。开设服务学习课程是高校培养学生社会责任感的有效途径。服务学习课程强调服务与课程学习相结合，鼓励学生积极、自主地关注社区的需求，选择研究专题，进入社区亲身体验实践，在真实的问题情境中，产生强烈的情感冲突，将学生的社会责任感激发出来。服务过程中及服务结束后，学生必须进行反思，在反思中体会课程的真谛，以进一步加深对专业知识的理解。

服务学习课程以“在服务中学习、在学习中服务”为理念，注重学生参与，培养学生的社会责任感和奉献精神，与《国家中长期教育改革和发展规划纲要（2010～2020 年）》的要求契合。本节试图从服务学习课程的视角来探究培养大学生社会责任感的新途径。

一　高校在培养大学生社会责任感方面存在的问题

目前，高校对学生社会责任感的培养效果同社会对学生的要求尚有相当的距离。在课程设置上主要存在以下几个方面的问题：一是我国高校普遍没有开设系统的公民教育课程，培养学生社会责任感的课程主要是“思想道德修养与法律基础”、“马克思主义基本原理”、“毛泽东思想和中国特色社会主义理论体系概论”等思想政治课，这些课程主要强调政治素质的培养，而忽略了对学生最基本的公民道德素养的培养。

二是课程存在明显的知识化倾向，忽视学生道德情感的培养。社会责任感是一种道德情感，道德情感包括道德认知、道德情感和道德行为。我们知道，一个人理解了什么是社会责任感，以及应该有什么样的社会责任感，但是不一定是一个有社会责任感的人，就像我们人人都知道不应该乱扔垃圾、不应该随地吐痰，可乱扔垃圾、乱吐痰的现象仍然随处可见。对社会责任感的道德认知是社会责任感产生的基础和必要条件，但是有了认知，并不一定会成为一个真正有社会责任感的人。

三是当前在培养学生道德情感的教学模式上，传统的课堂讲授模式占据主导地位。传统课堂上，讲台成了教师自编自导的舞台，教师卖力地向学生“传授”知识，学生们则被动地“吸收”知识，课程的评估形式主要是教师以考试的方式对学生进行评估，课程结束后，学生也很少对该门课程进行反思。杜威认为，“教育的灵魂就是生活和经验，离开经验和生活就没有生长，也就无所谓教育”[①]。学生社会责任感的培养更应该是在“做中学”习得，“经验学习应是学习效果最佳的”。[②]

---

① 〔美〕约翰·杜威：《民主主义与教育》，王承绪译，北京：人民教育出版社，1990 年。

② 蓝采风、许为民：《服务－学习在高等教育中的理论与实践》，杭州：浙江大学出版社，2011，第 55 页。

四是虽然目前各高校都开展了各种各样的社会实践活动，以期通过在服务社会的过程中增强学生的社会责任感，但这些社会实践活动尚存在各种各样的问题，大部分高校只是将这些实践活动视为课堂教学可有可无的补充，缺少整体的规划。在实际运作中，由于普遍缺少对实践个体进行有效的分类指导和过程监控，社会实践常常流于形式。而且社会实践团体多是学生自发形成的，学生的参与面不广，得不到学生的广泛认同，对广大普通学生的教育效果也并不理想。①

为了改变这种现状，需要对传统的课程进行重新审视，对课程目标与实现目标的手段以及策划、组织、实施、评估等环节进行新的探索，使目标与手段、内容与形式浑然一体。20 世纪 80 年代在美国兴起的服务学习模式，有效地解决了过去一直没有得到很好解决的目标与手段、内容与形式脱节的问题，其在实践上取得的成效也已被广泛认可。

二　汕头大学公益课程：培养学生社会责任感的课程实践

基于服务学习的理念，汕头大学从 2010 年 6 月开始开设公益课程，作为学校致力于先进本科教育的一种新探索。在公益课程上，通过将教育与社区公益服务活动相结合，将培养学生的“做事”与“做人”结合起来，实现专业学习与公益服务的有机结合，突出对学生社会责任感、公民意识和慈善意识的培养，促进学生公益体验的产生与提升。汕头大学公益课程的实施严格按照课程建设的科学程序和规范，经过三年多的探索与尝试，公益课程目前已形成一套完整的课程体系，包括课程申请—课程审核及公布—教师的遴选与培训—教师选课—学生选课—课程实施（含

① 袁金祥：《大学生社会实践育人功能的偏差和匡正》，《现代教育科学》2010 年第 4 期。

服务学习、培训、公益实践、总结分享）—课程评估—课程总结—对外交流等几个主要环节。

（一）将培养学生社会责任感放在首要位置

汕头大学实施公益课程的目的，是希望学生通过参与公益活动，深入了解社会、关心社会，增强学生的社会责任感，培养学生的社会奉献精神。同时，以课程的形式开展公益服务活动，引导学生将所学知识应用于社会服务，提升他们的能力，实现公益活动与学术课程的结合。从 2007 年开始，汕头大学着手进行人才培养目标体系设计，建立了汕头大学人才培养目标体系。①根据学校人才培养目标体系，公益课程将完成学校层面人才培养目标体系 18 个目标中的 9 个目标，即：培养对社会和他人的责任感和奉献精神；形成对人生价值的正确认识和积极向上的人生观；形成包容、诚信、负责、关爱的价值观；养成遵守公共道德的自觉性；培养实事求是、追求真理的精神；具备敬业、守信的职业精神，了解并遵守所学专业的伦理和职业道德；养成公共环境意识和环保的行为习惯；培养领导和组织能力；培养综合采用多种思维方式分析和解决问题的能力。公益课程将培养学生的社会责任感这一目标放在首要位置，这些目标的实现在课程评估结果中得到了验证。

（二）课程内容注重社区实际需要

基于服务学习理念，公益课程将培养学生的社会责任感融入大学课程。截至 2013 年夏季学期，学校共开设公益课程 61 门，3191 名学生修读了课程，338 人次教师承担了课程教学任务，服务合作单位近 80 个。课程内容涵盖了义教、义诊、义修、医疗扶贫、农村健康促进、老弱残障扶持、环境保护、社区矫正、妇女发展、生命教育等，如“曙光助学服务”、“情聚康复村爱心行

---

① 王伟廉：《人才培养模式的顶层设计和目标平台建设》，《教育研究》2011 年第 2 期。

动”、“潮汕妇女与社会创意研习服务”、“脑瘫儿童关怀计划”、“农村健康促进计划”、“感恩创意服务”、“生命的色彩”、“外来工子弟阳光课室”、“潮州山区基础小学教育服务与研究”、“‘薪火乡传’爱心行动”、“三下乡”、“我们共同的未来——汕头地区小学生环保教育公益服务”、“阳光行动——潮汕地区‘社区矫正’服务与研究”等，师生的足迹遍布潮汕及周边的乡村、城镇、中小学及福利院等，公益课程成为联系大学与社会的桥梁，成为高校服务社会的重要平台。

公益课程是以问题为导向的跨学科学习课程，课程内容的选择除了考虑与目标的相关性之外，还根据社区多元和复杂的特殊需求，考虑内容的科学性和有效性。公益课程聚集了不同学科领域的教师和学生，使学生能有多元化的学习机会。课程积极引导学生关注社区发展过程中存在的问题，根据所学的专业知识，设计解决问题的方案，服务社区。公益课程的内容与传统课程的内容有很大的不同：传统课程的内容主要是根据本学科的逻辑体系来编排的，而公益课程的内容则是把社区发展过程中的问题与学科知识结合在一起。学生将在课程中学到的理论知识应用于实践，在服务的过程中了解社会、关怀社会、提高服务社会的能力，从而增强自己的公民意识和社会责任感。

（三）课程实施各环节贯穿对学生社会责任感的培养

公益课程是汕头大学每位学生毕业前都必须修读的通识教育课程，每门公益课程 1 个学分，学习时间为 48 个学时。每门公益课程的教学过程包括公益服务知识培训、公益活动调查和策划、公益实践、反思与分享四个阶段。

每门公益课程开课前，教师都要提交详细的课程大纲。对理论知识的学习分为理论讲授和经验交流两部分。在学习课程内容的基础上，来自不同学科背景的学生组成团队，在老师的引导下，前往服务地考察当地的实际问题，了解当地的需求，以针对性地制订服务方案，并从中获得对所服务社区及所要解决问题的全面、深刻的认识。通过前期调研，提高学生的沟通、团队合作及创新能力。学生进入真实的情境进行调研，积极关注自身能力的提升，关注他人，关注社会，社区的真实性和生活性加深了学生对社会的认识，增强了学生的社会责任感。

进入社区、开展公益实践是公益课程教学的核心。公益课程的学习是一种经验学习，践习了杜威的“教育即生活”、“社会即学校”的教育理论，使课程学习与社区服务、社区生活形成一个整体，这是传统的课堂教学模式无法做到的。对学生来说，不仅在课堂上学习，而且在参与社区服务中学习。在服务学习的过程中，学生是主体，教师只是在服务过程中对学生进行启发、引导，从而达到培养学生的创新精神和社会责任感的目的。

课程教学的最后一个阶段是反思与分享。每位学生都需要在课堂上分享自己的所思所感，分享服务过程中的经验与教训。学生可以采用放视频、口头汇报、书面报告等形式创新性地进行反思与分享。“反思贯穿整个服务性学习项目的始终，是服务学习中一个非常重要的环节。对于学生而言，它也是一种重要的学习方法，学生把服务中遇到的问题与先前的知识经验联系起来，促进自己批判性思维和问题解决能力的提高。”①反思的目的是希望学生将服务经验与课程内容结合起来，协助学生进一步洞察社会问题的根源，找到更加切合实际的问题解决方案。经过反思训练，能促进学生批判性思维的形成和问题解决能力的提高，也能促使学生进一步了解自己，提升自我认知，在反思中不断完善自身的专业知识结构，了解社会需求，培养公益心，增强社会责任感。

（四）课程评估结果彰显了学生社会责任感培养的成效

作为一门完整的课程，了解公益课程实施效果，以及是否达

① 冯军霞：《美国高校公民教育中的服务性学习研究》，华中科技大学硕士学位论文，2007。

到预设目标，都需要通过评估进行检验。汕头大学公益课程有完善的评估体系，从四个方面对每门课程进行评估，即：教师对学生的评估、学生对教师的评估、学生的自我评估、合作服务单位满意度评估。每学期课程结束后，学校会对课程进行评估。从三年来的评估结果看，多种类型评估的得分明显提高，公益课程的教学目标达成度越来越高。

其中，教师对学生的评估包括课程研习（20%）、实践过程（50%）、课程总结（30%）三个方面。评估结果显示，教师对学生的评估平均分均超过 87 分。教师认为，通过公益课程学习，实现了有效培养学生的社会责任感和奉献精神等目标。

从学生的自我评估来看，三年来，学生修读课程后的自我评估平均分也均超过 87 分，其中，“具有社会服务意识，积极为社会和他人服务”、“具有奉献精神，对人对事不求回报”和“具有遵守公共道德的自觉性，并能主动维护公共道德”等指标的评分分别为 95. 29 分、94. 42 分和 94. 38 分。这表明，通过公益课程学习，学生自我认定，课程已达到了自我培养的要求，特别是达到了“深入了解社会、关怀社会、提高服务社会的能力，培养社会责任感，综合采用多种思维方式分析和解决问题的能力”的要求。

在对每门课程进行评估的同时，为了进一步说明课程的实施效果，汕头大学在 2012 年 3 月对修读了公益课程的学生和参加了公益活动的学生进行调研，通过修读公益课程与参与公益活动的成效对比，证明了公益课程对培养学生社会责任感的作用。调查表明，公益课程和公益活动的育人效果在总体上存在差异，公益课程的育人效果总体上优于公益活动，公益课程在公益知识掌握、良好的思想意识与品质、组织与协调能力、社会交往能力、问题解决能力与研究能力、环境适应能力等方面对学生的培养效果优于公益活动。[①]其中，“良好的思想意识与品质”的主要内涵

① 蔡映辉、周艳华：《大学生公益活动与公益课程育人效果的实证比较》，《教育与考试》2012 年第 5 期。

就是学生的社会责任感与奉献精神。

总之，目前高校在学生的社会责任感培养方面普遍存在缺失现象，需要各高校在理论学习与实践中不断探索。以汕头大学公益课程为代表的服务学习课程的开设，无疑就是其中一条有效的途径。

学校简介

汕头大学位于广东省汕头市，是 1981 年经国务院批准成立的广东省“211 工程”重点建设综合性大学，是教育部、广东省、李嘉诚基金会三方共建的省部共建大学，也是全球唯一一所由私人基金会——李嘉诚基金会——持续资助的公立大学。

在李嘉诚基金会的大力支持下，学校借鉴境外优秀大学的先进办学理念和经验，引进海外优质教育资源，形成了以国际化为导向、精细化教育的鲜明办学特色。经过 30 多年建设，已成为在办学理念、人才培养模式、师资团队和管理模式等方面高度国际化的现代化高等学府。

作为广东省自主办学教育综合改革试点，学校以“先进本科教育”理念和“可适应学业规划”为基础，以“整合思维”为特色，形成了具有“全人教育”特点的新型人才培养模式，满足学生在复杂社会经济背景下不断演化的学习需求，培育学生的人文素养、思维能力、创新意识、公益奉献精神、体育精神和领导才能，使每位学生都能获得终身受益的独特学习体验。

学校共有文、理、工、法、商、医、长江新闻与传播、长江艺术与设计 8 个全日制学院和 1 个研究生学院、1 个继续教育学院、1 个住宿学院。在校本科生约 7300 人，博士、硕士研究生约 2100 人。

第四章

中国高校服务研习案例与实践

第一节　税收宣传咨询，服务社会国家

——中山大学岭南（大学）学院“税收管理”课程服务研习项目案例

一　“税收管理”课程服务研习项目是课堂教学与实践教育、专业教学与德育教育相结合的必然选择

税收是国家财政收入的主要形式，具有强制性、无偿性和相对固定性三个基本特征。它除了筹集财政收入外，还具有经济调节和监督管理职能。税收作为国家、组织和个人三者利益协调的聚焦点，既是国家宏观经济管理的重要手段，也是企业微观财务管理的重要内容。但 1994 年税制改革以来，中国税收违法行为猖獗、税收流失严重，使得高校税收教学面临严峻挑战。明军、马世领的研究认为，我国 50% 的国有企业、60% 的乡镇企业和外资企业、80% 的私营企业和 95% 的个人存在偷漏税行为。[①]我国每年因纳税人税收违法行为造成的税收流失数额巨大，其中，1995 年税收流失率高达 43%，近年来也接近 20%。

税收违法行为严重危害中国市场经济建设，具体表现为：减

---

① 明军、马世领：《个税税基扩大有利工薪层　富人没理由不交个税》，《国际金融报》2002 年 7 月 18 日。

少了国家财政收入，使政府提供公共产品的能力减弱；不利于政府进行调节收入分配等宏观调控；增加企业纳税成本和税务机关的征税成本；扭曲企业财务信息，影响企业经济决策；造成税收负担不公平，不符合公平竞争的市场原则。此外，还可能因“从众心理”恶化企业的其他市场信用状况。例如，在三鹿婴幼儿配方奶粉发生三聚氰胺污染重大事故之前，2006 年 3 月就有对安徽省淮北市三鹿乳品有限责任公司偷税案的报道。高校税收教学肩负重要使命：一方面，要培养专门的税收专业人才；另一方面，还应该向社会大众普及税收知识，推动优良税收文化的建设。

中山大学岭南（大学）学院地处广东。广东税务机关秉持聚财为国、执法为民的税务工作宗旨，各项税收工作均取得显著成效，不仅为国家财政收入稳定增长提供了有力支持，也有力支持了广东的经济社会发展。但是，2000 年发生的震惊全国的潮汕地区特大出口骗税系列案也发生在广东，广东每年查处的偷税案件更是花样繁多、层出不穷，许多广东外资企业还通过国际转让定价将利润转移至境外，造成“虚假亏损”，偷避中方利税。[①]这些构成了广东税收教育和宣传工作严峻的外部环境。

大量的税收违法行为和征纳矛盾影响高校税收教学，还直接影响大学生尤其是财税专业学生的思想状况、职业规划和健康成长。我们认为，在当前税收外部环境下，高校财经院系在开设税收课程时，应该将课堂教学与实践教育、专业教学与德育教育结合起来。[②]基于这种认识，我们积极进行探索与实践，相关成果获中山大学 2008 年度优秀教学成果一等奖，并成功申请了中山大学 2009 年教学改革研究课题“‘税收管理’课程教学内容与方式的改革”，努力在“税收管理”课程教学中进行“双结合”的探索。

---

① 龙朝晖：《广东外资企业盈亏研究——分析框架、数据、模型与案例》，广州：广东教育出版社，2008。

② 龙朝晖：《我国高校税收类课程教学模式改革探析》，载中山大学教务处编《教学研究与实践》，广州：中山大学出版社，2012。

服务研习的教学模式源于西方的教育体系，近年来逐渐于东南亚地区传播。香港岭南大学秉承“作育英才，服务社会”的岭南校训，在2004年就开始率先推行服务研习的先导计划。2006年，香港岭南大学服务研习处正式成立，岭南大学成为香港第一所拥有统筹服务研习部门的大学，引领服务研习在东方社会的发展。[①]2012年9月，我们应邀参加了香港岭南大学服务研习处在中山大学举办的“教职员服务研习培训工作坊”。通过学习，我们发现，在税收教学中引入服务研习可与国际先进教育方法接轨，符合当代中国社会的情况和优秀税收文化建设对财税专业人才培养的需求，也可以使中山大学的税收教学改革探索与香港岭南大学推广的“服务研习”这一国际先进教学理念结合起来。

二　“税收管理”课程服务研习项目的策划

中国自古提倡学以致用，在当今大学教学理念中，学以致用更是一条重要的原则。税收课程教学应该与实践教育相结合，让大学生走出校门，深入实际，以专业税收知识服务社区、回报社会。[②]服务研习正提供了这样一种理念。“税收管理”课程服务研习项目提倡财税专业学生利用课堂学到的税收知识为社会提供服务，在服务过程中不断思考，巩固课堂所学，并培养学生的口才表达与沟通、驾驭语言和批判性思考等能力。2013年，在香港岭南大学服务研习处的帮助下，结合“税收管理与税收信息化”、“税收检查”和“税收筹划”等课程的教学，我们开展了“税收管理”课程服务研习项目，让财税专业学生深入广州社区，把在课堂上学到的税收专业知识运用到社会服务中。

构建和谐税收对国家经济持续发展和社会稳定具有重要的作

① 陈章明、李经文、马学嘉：《岭南大学服务研习计划：发展策略和成果评估》，《教育曙光》2009年第57卷第3期。

② 龙朝晖：《高校教育中实践教育的内容、意义和途径探析》，《中山大学学报》（增刊）1998年第12期。

用。但由于我国税法系统庞大、复杂，纳税人税收意识薄弱，征纳双方存在矛盾。加强税收宣传，增强全社会的税收意识，是构建和谐税收的重要举措。虽然税务局一直都在开展“税收宣传月”活动，但社会参与度有待进一步提高。在香港岭南大学服务研习处的大力支持下，我们结合过去的社会实践和税收宣传经验，同时借鉴香港岭南大学服务研习项目的开展模式，率先在广州开展“税收管理”课程服务研习项目。

我们希望通过开展服务研习项目，弥补我国税法宣传和纳税咨询在社区服务方面的不足，为增强居民的纳税意识、建设优秀税收文化添砖加瓦。从税收课程教学的角度来看，可以使学生更牢固地掌握专业知识，增强服务社会的本领；从学生方面来看，可以将书本理论与实际联系起来，运用专业知识服务社会，并培养独立思辨和语言沟通能力；从社区方面来看，可以及时解答居民的税收疑问，传播和普及国家税法。

三　开展“税收管理”课程服务研习项目的前期准备工作

（一）与广州市税务机构联系，取得专业机构支持

为了保证服务研习项目的顺利开展，我们联系了广州市国家税务局、地方税务局，取得税务机构的支持。首先，依托岭南（大学）学院丰富的校友资源，安排学生前往税务局实习，初步了解税务局的业务流程，加深对国家税收政策和法律法规的理解，为赴社区进行税收宣传、咨询打下坚实的基础。其次，邀请税务局的专业人员对学生进行培训，包括纳税申报、社保医保的办理流程和相关税收资料介绍、最新税收政策的解读，以及对纳税人常见税收问题的讲解。最后，学生参与税务局定期举办的税收宣传活动，通过观摩、参与税务局的活动积累开展税收宣传和咨询活动的经验。另外，税务局还为我们提供了丰富的宣传资料，使我们的宣传、咨询活动得以顺利开展。

（二）前往模范社区综合服务中心学习社区服务知识

广州市荔湾区彩虹街社区综合服务中心是荔湾区基层管理体制改革和社区综合服务中心双试点的“有机社区”，社区综合服务中心拥有丰富的社区服务经验，其开展的社区服务活动曾经得到广东省和广州市主要领导的赞扬。我们组织学生前往该社区，利用该社区综合服务中心丰富的活动经验和品牌效应推广我们的服务研习项目，而税收宣传和咨询则作为该社区综合服务中心的一个补充活动。通过共同开展服务活动，学习社区服务知识，提高服务研习项目的知名度，使我们在后期独立开展的服务研习项目能够顺利实施。

四　“税收管理”课程服务研习项目的开展

为了使“税收管理”课程服务研习项目顺利开展，我们成立了以专业课程教师为指导、研究生助教和班干部为骨干的项目负责小组，开展财税专业学生以税收专业知识服务社区的服务研习活动。活动内容包括：宣传税法，传播税收知识，为国家税收工作做贡献；税法咨询，为纳税人解答问题，为社区建设添砖加瓦。

2013 年 1 月 24 日至 2 月 22 日，项目组为 5 名学生联系去广州市海珠区地方税务局实习，通过在办税服务大厅的实践，初步了解纳税服务的内容，培养纳税服务能力。之后，以这 5 名学生为骨干，开展服务研习项目。

从 2013 年 3 月开始，我们与中山大学志愿者协会合作，以中山大学北门“西关小屋”为活动场所，对中山大学北门附近的社区居民和北门广场的游客进行税收宣传并提供税务咨询。我们将 87 名学生分为 12 批，以西关小屋为固定服务点，向往来的居民和游客派发税收宣传册（由税务局提供），并就社区居民和游客提出的税收问题进行解答。具体内容包括：①税法宣传。向纳税人派发税收宣传册，宣传税收相关法律、法规和政策，特别是就有关税收政策、法规的变动情况进行讲解，让纳税人更好地了解税收法律、法规和政策。②纳税咨询。对需要纳税咨询的纳税人提供税收援助，帮助纳税人克服办税困难。通过与社区居民进行面对面的交流，学生不仅回答了他们提出的问题，也锻炼了自己的表达能力和应变能力。社区居民就税收政策、申报流程等进行咨询，也满足了他们了解税收相关政策、申报流程的需求。

2013 年 7 月 1 日至 8 月 31 日，项目组为其中 20 名学生联系去广州市国税局实习。学生就服务研习活动中发现的问题向税务局干部请教，进一步学习、掌握国税局办理税收业务的流程，协助办理纳税业务，提高了服务社区的能力。

“税收管理”课程服务研习项目得到广州市国税局和地税局的大力支持，广州市国税局和地税局为项目提供了大量的税收宣传资料，并派出工作人员，给学生做税法和税收服务培训，使我们的服务更加专业、有效。同时，我们也和广州市荔湾区彩虹街社区综合服务中心保持联系和合作，就社区服务遇到的问题向他们请教，更好地开展税收服务工作。

五　推行“税收管理”课程服务研习项目的成效反思

（一）学生参与项目的收获

学生们普遍认为，中山大学岭南（大学）学院“税收管理”课程服务研习项目是一种很好的学习形式。在项目开展过程中，学生与社区居民交流，了解和解答他们在税收方面的疑惑，这促使学生不断学习，提高专业知识水平和沟通能力。服务研习项目把课堂搬到了社区，税务局的实习为学生提供了将理论运用到实际中的机会。学生不仅加强了对税收知识的学习，也了解了纳税服务的基本业务和流程。在实习和服务的过程中，学生们看到了征纳关系中存在的一些问题，发现社区居民对我国相关税收政策、法律法规不够了解，纳税人对税务局办税流程不熟悉，导致产生征纳矛盾。因此，学生们在后来的服务研习活动中将这一问题视为核心问题，开展宣传和咨询活动，让税法更透明，让纳税流程更清晰。

在走进社区的环节，学生们得到居民的肯定和赞赏。前来领取税收宣传册的居民络绎不绝，更有六七十岁的老爷爷表示："虽然税收跟我已经没有多大关系，但我还是要学税法。"可见，居民对税收相关知识的学习热情高涨，征纳双方的矛盾并非不可调解。前来"西关小屋"的社区居民很多都是抱着一种学习的心态，通过宣传和咨询，他们也希望能够为国家的税收贡献一份力量，也希望国家税收工作更加和谐，这也正是我们"税收管理"课程服务研习项目的价值所在。

（二）项目开展过程中存在的问题

"税收管理"课程服务研习项目的开展并非一帆风顺。由于缺乏相关的经验，学生们对专业知识和实务了解有限，在项目开展过程中遭遇许多挫折和困难。

（1）学生的服务能力有待提高。我们的学生服务团队主要以中山大学岭南（大学）学院财税专业大三学生为主，他们的专业知识积累特别是实务方面的知识积累还不够。国家的税收政策、法规时有变化，面对纳税人提出的一些具体问题，学生们常常手足无措。

（2）缺乏有效的反馈机制。由于学生分批次开展服务，使纳税服务有时出现不连续的问题。组与组之间缺少沟通，这对于问题的解决十分不利。

（3）服务选址尚不能吸引最有纳税需求的人群。由于中山大学北门广场是一个游览区，除社区居民外，游客也很多。服务对象并非最有纳税需求的人群，使得活动的效果大打折扣。

（4）对学生的管理比较松散。参与项目的学生以财税专业大三学生为主，由于大三课业繁重，同学们的课余时间少，且较难安排，缺乏统一有效的管理，导致活动出现中断或反馈不及时的情况。

（5）对项目品牌的推广力度不够，使项目开展的深度受限。目前，项目的开展主要以“西关小屋”的定期服务为核心，其他社区的服务相对滞后，加上学生的服务时间有限，开展项目的经验不足，难以形成规模效应。

（三）优化“税收管理”课程服务研习项目的对策建议

（1）加强对学生的专业培训。可邀请税务局和学生组织的资深前辈对学生进行培训，包括纳税申报流程与社区居民最感兴趣的社保医保办理流程和相关知识，最新税收政策的解读，以及纳税人常见纳税问题的讲解。

（2）建立分享和反馈机制。在服务过程中，可以将同学们无法解答的问题以及相关经验集中记录，撰写分享日志，让学生分批分享在纳税服务过程中遇到的问题和困难。同时，邀请老师和税务局的人员参加，进行互动交流，寻求解决问题的方法。

（3）寻求机构合作。在寻求合作的过程中，对于选址的问题要十分注意。可先派学生进行实地考察，确定合适的服务地点和服务时间。如果是摆台，还要与城管、街道进行有效的沟通，加强宣传。

（4）加强对学生队伍的管理。目前，项目对学生的评估方式主要是让学生写总结报告，总结所做的具体工作和收获。这种评估方式的缺点是：在时间上没有形成有效的监管机制，可以适当引入考核制度，包括对学生的时间管理、考勤管理、反馈等，确保项目持续运行。

（5）与其他高校联合，在深度和广度上加大活动的推广力度，致力于品牌的联合建设。在第四届亚太地区服务研习会议期间，其他高校如暨南大学的老师对这一服务研习项目表现出极大的兴趣，并且到西关小屋参观，与学生进行互动。这是一个合作的契机。未来，中山大学岭南（大学）学院应进一步拓展该项目在广州的服务范围，与其他高校进行合作，共同推进项目建设，争取将项目推广出去，成为建设优秀税收文化的重要社会力量。

“路漫漫其修远兮，吾将上下而求索”。中山大学岭南（大学）学院“税收管理”课程服务研习项目是一个很好的教育平台，同时也是一种特别的社会实践方式，它应该是稳定而持久的。税收服务研习不是普通的公益活动，它在回报社会、服务社区的同时，也让学生通过服务不断学习和反思。在服务研习项目开展过程中，受益的不仅仅是服务对象，学生也培养和锻炼了自己的沟通与思辨能力，提高了自己的专业和人文素质。展望未来，我们有信心把岭南“服务社会”的精神继续传承、发扬光大，把服务研习项目做大，做久，让税收宣传咨询服务活动深入社区、深入人心。

科系简介

中山大学岭南（大学）学院财政税务系成立于 1994 年，是全国高校中成立最早，也是最早在全国招收财政学本科专业和拥有财政学硕士、博士学位授予权的财政税务系之一，20 年来共培养各层次学生 3000 多人。2005 年，财政学本科专业被评为广东省高校名牌专业。

课程简介

“税收管理与税收信息化”（拿到该课题时，课程名称尚为“税收管理”，改革后才改名为“税收管理与税收信息化”，所以文中仍用“税收管理”）是财政学专业的一门重要课程，通过老师的讲授，使学生了解税收管理的学科体系，掌握税收管理体制、税收计会统业务和税收征管各环节与税收司法的基本知识，同时，老师使用 CTAIS 系统讲授税收管理软件各个模块的具体操作，指导学生进行税收宣传和提供咨询，是本课程服务研习的重要内容。

“税收管理与税收信息化”是中山大学岭南（大学）学院财

政学专业的选修课程。在课程教学中，主讲教师一直注重指导学生结合课程学习，走进社区开展税收宣传咨询活动，回答社区居民提出的各种税收问题，学以致用，培养学生的口才与沟通、驾驭语言和批判性思考的能力，提高学生的专业素质和人文素质，并把课程的服务研习成绩作为课程考核的重要内容。

第二节　做好垃圾分类，践行公民教育

——华南理工大学垃圾分类服务学习案例

众所周知，垃圾已成为现代都市公共生活面临的一大难题。伴随着高速的城市化进程，“垃圾围城”的故事在中国大陆已绝非耸人听闻。围绕如何处理城市生活垃圾的议题，垃圾分类成为重中之重。国外发达国家和地区的经验表明，妥善做好垃圾分类，可对整个垃圾处理、回收和循环再利用起到重大的作用，既可以有效降低垃圾处理的成本，也有利于公民环保意识的培养。[①]

广州是目前中国大陆唯一实行由政府主导、全民参与的垃圾分类试点城市，自 2011 年以来，市政府和民间环保组织、广大市民一起行动起来，开始了艰难的垃圾分类之旅。[②]我们在广州大学城开展的服务学习项目，就是在这样的背景下开展的。

一　服务学习项目的设计：主题、目标和服务人群

我们此次实施的服务学习项目的全称为“广州大学城社区垃圾分类的参与式服务与学习”，是一个典型的环保类公民教育项目。我们希望运用服务学习的基本理论和方法，达到对大学生进行公民教育的目的。之所以选定垃圾分类的主题，除了上述的大

① 《破解垃圾围城之困，“变废为宝”迫在眉睫》，http：//miit. ccidnet. com/zt/2010/1027ljwc/，2014 年 2 月。

② 龙玉琴：《六千家庭垃圾分类　东湖街试点或推广》，《南方都市报》2009 年 11 月 25 日。

背景外，也是因为环保类公益项目在大学生中的接受度高、易于开展，且垃圾分类问题涉及每一位公民的切身利益，应该在大学生群体中积极进行垃圾分类的环保公民教育活动；再加上我们所在的华南理工大学有校园环保教育的优良传统和氛围，有 Fresh 环保协会这样的全国优秀学生环保社团作为项目实施的有力载体，也就是说，我们认为这个主题特别适合开展服务学习项目。因此，经过深思熟虑，我们最终决定以广州大学城社区为项目实施对象。围绕这个 15 万人规模的大型社区的垃圾分类问题，对生活在其中的师生、城中村村民、社区居民、废品收购商开展一系列的调研、宣教及动员等服务实践。让参与的同学边学习垃圾分类的基本常识，边了解广州大学城社区垃圾分类的具体情况，再设计相应的服务内容，帮助促进该社区垃圾分类活动的开展；同时，通过亲身实践这些服务活动，让同学们更深刻地理解垃圾分类的意义以及垃圾分类的难点、重点，从而加深对这一社会问题的认知，最终达到"以服务促学习，以学习促服务"的公民教育目的。

二　服务学习项目的实施：方法与技巧

设计好项目的基本框架和内容后，就进入实际的操作阶段。这一阶段要特别注意结合具体的情况选择适当的方法与技巧。总的来看，我们在项目实施过程中坚持"学习"与"服务"相结合的方法，基本做到了两者的相互促进。

1. 以"学习"的方式选拔和培养参与学生，达到公民教育的基本目标

为了保证项目顺利、有效地实施，我们从一开始就特别注重对参与学生的选拔和培训，对学生的要求比较综合和全面。考虑到让学生"学习"的基本目标，我们对他们的培训贯穿始终。幸运的是，由于垃圾分类问题的普遍性，很多同学在得知项目信息后，都踊跃地报名参加。这就使我们的挑选余地比较大，也让我们体会到项目的主题设计有多么重要，如同一个找对了市场定位的产品，不愁没有消费者青睐。为了保证让更多的同学有机会公平参与竞争，我们采用“先学习，再服务”的方法，即利用培训等方式普及垃圾分类和环保的基本知识，达到让学生“学习”的初步目的，再进行面试等筛选工作。最终，在面向华南理工大学大学城校区的公开招募中，20名主要来自经济与贸易学院、新闻与传播学院的同学被选中参与项目。他们随后也接受了广州知名环保人士巴索风云、耶鲁大学环境人类学博士生张秋蓓等人的公民社会和垃圾分类专业培训，在项目实施的每个阶段都得到这些专业人士和指导老师的帮助。

2. 以“服务”的精神要求参与学生，提升公民教育的品质

服务学习重在“服务”，服务不光是一种方法，更是一种精神和心态。而服务的第一步，就是要先了解社区的真实情况，打破先入为主的成见和不切实际的想象，放下自我，意识到自己对于社区的意义和价值，然后才能真正融入社区，面对和解决实际问题，承担起一个公民对社会的基本责任。对要达到公民教育中“助人自助”的公民美德培养目标来说，以“服务”的精神要求学生在整个项目实施过程中实事求是、虚心求教、换位思考等，就变得格外重要。对这些素质和能力的培养，弥补了课堂学习知识的不足，也体现了“服务”的价值。具体到此项目的实施，我们特别注重前期调研，让学生从自己设计问卷开始，针对大学城社区人群的基本构成，分别对四所大学的学生、四个城中村的村民、一个小区的居民进行调研，并针对产生厨余垃圾最多的学校食堂、餐厅进行了重点调查，让学生对自己生活的校园及周边社区有更深刻的认知，也让他们意识到“垃圾分类，人人有责”。他们从思想上意识到自己的行为对社区环境保护的意义后，就会更加愿意为社区的改变尽一份力，真正把自己融入社区，才能主动、自觉地为社区服务。

3. 以“边学习、边服务”的理念指导参与学生，促其成长和转变

长期以来，中国大陆的教育面对素质教育与应试教育的冲突问题。很多大学生受多年应试教育的影响，对学习抱着较强的功利性目的。而参与服务学习项目，则可以使其明白学习的终极目的是服务社会，也只有从社会中来，到社会中去，才能更好地学习专业知识，实现个人价值。学习的目标和方法因“服务”而变得更真实、更有效，也更能促进学生自身的成长。在实施服务学习项目时，我们非常注重学生对服务学习内涵的理解，无论是在课堂学习和培训中，还是在调研以及对社区居民进行环保宣教活动中，都非常注重对他们的反思能力和独立思考能力的培养，采用小组交流、讨论、新媒体互动等多种方式使其思考个人价值与社会价值、权利与义务等的关系问题。

三　服务学习项目的效果及评估：参与度与满足感

服务学习项目从 2012 年 12 月正式启动，到 2013 年 7 月结束，历时 8 个月，培训学生 100 多人，实际全程参与项目的学生 20 人，共完成对社区的调研报告 4 份，组织环保宣教活动 4 场，拍摄短片一部，基本达到了项目设计的初衷。更重要的是，通过这个项目，参与学生纷纷表示开阔了眼界，更加明白了何为“公民”和“公民社会”，理解了“社区”、“社会”等原本抽象的概念，也更注重从关心身边的人和事开始，一点一滴地促成改变。具体来说，我们对服务学习项目实施效果的自我评估，主要从以下两个方面入手。

1. 项目参与度评估

参与度包括广度和深度。我们要求参与项目的学生不但要在小组学习和分工中真正参与和投入，为实现团队的目标贡献自己最大的力量，还要求其能够跳出眼下工作的局限，拥有对整个项目和社区利益的全局观，不但“身”在，“心”更要在，不是为了做项目而做项目，而是能够既真正认识到自己作为项目成员在项目中的角色，也认识到自己作为社区乃至社会成员的角色和责任。从参与学生平时在项目实施过程中的表现、主动性和工作效果，到每次的交流与分享活动，指导老师和小组长都可以为其打分，最后再结合其自评，就可得出对该名同学参与度的基本评价。

2. 参与项目的满足感评估

满足感或叫成就感是一种很主观的感受，很难对其进行量化评价。因此，我们采取的评估方式是让参与项目的每位同学先总结自己的收获和心得，再通过项目分享和交流会、新媒体互动的方式，说出自己参与项目的得失、感受等。另外，在项目结束后继续关注垃圾分类，在日常生活中严格要求自己并影响别人，也是满足感在项目结束后的延续效应。通常来说，在项目实施过程中满足感较高的学生，继续开展服务学习的动力就足，对自身的要求也会更高。

四 服务学习项目的特色及得失

此服务学习项目的特色还是很鲜明的，因为涉及时下最热门、最普遍的公共生活问题，因此从项目的开始到结束，得到了无论是学生还是校方、社区居民乃至废品收购商的大力支持，项目进展十分顺利，预期的目标和效果都已达到，可谓完满结束。总的来看，主要有以下一些特色及得失。

1. 项目设计比较合理，切合当下社会和社区的实际

“垃圾分类”这一主题，以及对广州大学城这个社区的选择，把一个普遍的社会问题和一个社区的具体情况有机地结合起来，使参与项目的学生以社区成员的身份参与项目实施，和社区其他成员一起成为“垃圾分类”活动的利益相关方，从而能够最大限度地调动其参与的积极性和主动性，社区其他成员也乐意积极配合活动。

2. 项目实施方法得当，学生参与度高

整个项目是在“边学习、边服务”理念的指导下实施的，因此主张发挥学生自身的潜力和积极性，促使其在服务中学习和成长，并能够在服务过后更有效地学习。

3. 项目评估合情合理，实事求是，后续效应好

项目评估采用小组成员自我评估、相互评估以及社区居民打分和指导老师总评的全方位评估体系，一边实施项目一边反思改进，使每个同学都能得到有效的指导和提升，也能清楚地知道自己在项目中的角色和价值，很多参与项目的同学都表示收获很大，并承诺在项目结束后会继续关注垃圾分类的问题。

当然，由于是第一次实施此类服务学习项目，因此有很多遗憾之处，比如，学生积极性、主动性的发挥不够，对团队分工以及对项目实施进度的安排不够合理，对项目的监管应该更有力，等等。但此次收获的经验，相信也为未来继续开展服务学习项目打下了良好的基础。总之，服务学习的理念在这次垃圾分类的公民教育活动中得到了有效的贯彻和实施，且被实践证明是行之有效的。

学校简介

华南理工大学是直属教育部的全国重点大学，坐落在南方名城广州，占地面积294多万平方米，被誉为“珠三角企业家和工程师的摇篮”。经过60年的建设和发展，华南理工大学成为以工见长，理工结合，管、经、文、法等多学科协调发展的综合性研究型大学。轻工技术与工程、食品科学与工程、城乡规划学、材料科学与工程、建筑学、化学工程与技术、风景园林学等学科整体水平进入全国前十位。

学校办学条件良好，教学环境优良。学生课外科技学术活动和社会实践活动蓬勃发展，特色鲜明，成为提高学生综合素质的重要因素。学校重视师资队伍建设，师资力量雄厚，已形成完整的学士—硕士—博士人才培养体系。

科系简介

新闻传播系主要培养未来从事新闻传媒工作的记者、编辑等人才，基本课程和专业方向有新闻学基础、传播学概论、新闻采访与写作、新闻评论等。目前有教师 15 人，学生 160 人。

课程简介

“公益传播”是把公益慈善学和传播学相结合的交叉型课程，面向全校同学授课，属于通识教育系列课程之一，主要讲授公民社会基本知识和理论、公益慈善的最新国内外动向、传播学基本知识和理论以及公益传播学在中国大陆的发展现状等。通过本课程的讲授，使同学们可以了解和掌握有关公民社会和公益传播的相关知识，提升同学们的公民意识。

第三节　记录历史，尊重生命

——华南师范大学麻风病康复村口述史服务研习项目

一　泗安口述史缘起

泗安麻风病康复村（以下简称泗安）位于广东省东莞市麻涌镇与洪梅镇交界的东江水道泗安岛上，归属于省泗安医院。泗安医院建于 1965 年，是目前广东省从事麻风病防治的唯一一家省级医院，最多时病患和康复者人数有 800 多人。几十年来，随着医疗技术的发展，麻风病已经能够控制和治疗，这里的康复者逐年减少。目前，泗安共有康复者 80 人左右，其中一半是 2011 年从台山市大衾岛搬迁过来的，现在平均年龄在 70 岁以上。他们长期受到歧视和隔离，如今之所以还选择居住在村里，是因为一些人习惯了这里的生活，一些人无家可归，一些人怕连累家人，还有一些人则是家人拒绝接纳甚至根本不相认。泗安的物质条件在广东省现有的 66 个麻风病康复村中算是一流的，医院也不断推出各项措施保障老人们的生活，满足老人们的医疗需要，但老人们还是会面临一些问题，需要外界的帮助，比如打扫卫生和伤口处理，这里常年有十几位教会义工为他们服务。除此之外，平时还有相当数量的义工组织经常到这里探访老人，表演节目，或为村民送一些生活用品，等等。

两年前，作为一名志愿者，我初次踏上泗安的土地，参与NGO“家工作营东莞 HOPE 工作室”（以下简称 HOPE）组织的探访老人活动。去的次数多了，渐渐发现不少老人的经历很丰富，他们的故事是几代麻风病患者处境的真实写照：他们得病后与家庭和邻里的关系、个人的心境、政府的防治措施、艰难的生存经历、与社会的隔绝以及在康复村的生活，都能够折射出人性和历史的复杂性。有的人还成了自学成才的诗人、画家和小说家，苦难之中，不乏豪杰之士。渐渐地，内心萌生了以口述史的形式把他们的故事记录下来的愿望，这将成为医疗政策史和这一人群生活史的第一手资料，可以用生动的故事告诉人们麻风病的真相，消除社会歧视。除此之外，老人们也可以通过讲述过往的故事，排解日常生活的孤寂。而这些记录他们口述史的大学生则可以通过这样的访谈，从历史被动的学习者变为积极的书写者，受到良好的历史学思维和技巧的训练。

适逢香港岭南大学推广服务研习计划，而华南师范大学教务处也积极推动，从而让这个愿望有可能得以实现。申请获得批准后，在网络上召集到 18 位愿意参与口述史研究的选课同学，在 2012～2013 学年的第二个学期，隔一两周即前往泗安，为七位老人做口述史访谈，如今工作已经接近尾声。未来两年，我们还会在每个学期召集同学，对那些适合的老人做访谈，最终希望形成一本小书，为老人们留下他们的生命故事。

二　口述史服务研习项目的设想与实施

在半年多的第一期泗安麻风病康复村口述史服务研习项目的实施过程中，经历了以下一些过程，或许可以成为今后开展服务研习项目的参考个案。

按照个人粗浅的理解，服务研习的宗旨，是学校通过与公益组织或公共部门合作，让学生深入社区，把从课堂上学到的知识和理论运用到社区服务中，进而加深对知识和理论的理解，如此循环往复，从而实现学校设立的本意——“作育英才，服务社会”。我们的课程是“历史社会学”，个案调查本就是社会学研究的重要方法，而口述史是历史学最注重个案的分支，也是在服务社会方面可以有所作为的领域。历史社会学的学习，除了把握理论著作外，还需要通过个案去印证理论著作，没有这样的印证，仅仅靠书本知识，历史的情境不能真正鲜活，历史理性也就成为无源之水。每一个个体的生命史，包括一个村落的历史，都包含了社会历史变迁的基本要素和结构，听那些历史的亲历者的讲述，能够更加真切地触摸鲜活的历史。基于此，我们开始考虑在比较熟悉的领域为大学生寻找可以参与社会实践活动的机会，而口述史是能够与历史专业相结合的最佳的服务研习方式之一。首先，历史专业的学生有必要尝试面对历史的见证人，学会通过访谈，记录和整理即将逝去的历史。这是历史研习一种新的尝试。其次，人类的各种知识都是为了满足人类的需要而产生的，那么历史知识怎样为人服务呢？除了人们熟悉的各种方式之外，对老人来说，有人倾听他们的故事，并记录下来；对大多数人来说，这应该是一条有效的缓解孤寂、获得社会认同、认识个人价值的途径。再次，口述史是一种需要有组织的协同合作、费时费力的专业工作，通常的志愿者各有自己的职业，时间和精力有限，很难深入、有效地访谈老人；大学生则可以根据自己的兴趣，安排一个学期的周末时间，来持续地做这样的工作，同时这也是修习这门课的作业，可谓一举数得。历史学习很重要的内容就是掌握第一手材料和整理资料，口述史可以提供第一手资料，并能通过不同时段和对不同人的访谈，以及与文献进行相互比较，辨正真伪，并最终写成翔实的自传体口述史文本，应该说，历史学专业训练的大部分环节都可以在此过程中完成。最后，学生获得了认识世界的新视角，学会了沟通和合作的技巧，通过行动认识到怎样才可以成为真正的公民，这是他们在大学里上的重要一课。

选择泗安的理由有很多。HOPE 是由东莞两所高校——东莞理工学院和广东医学院——的大学生成立的义工组织，定位十分清晰，为泗安的麻风病康复者服务，具有非凡的活力。两年多的交往，让我与其中一些热心公益的骨干成了很好的朋友，同时也赢得了康复老人们的信任。医院对大学生的公益活动非常支持，为 HOPE 提供了一个长期的营地以及必要的设备，可以解决食宿问题。泗安还有一个很重要的条件，即这里是目前广东省麻风病防治最高级别的医院，医院保留了大量系统的档案材料，这是绝大多数康复村所不具备的有利条件，可以利用档案材料与老人家的口述材料相互印证，做出更有信度的口述史，同时也可以使我们的同学得到阅读和整理档案方面的训练。医院领导得知我们有做口述史的想法，很感兴趣，提供了很多帮助，比如，开放档案室供我们查阅，派车接送我们到泗安，并安排在医院职工饭堂就餐，这样的支持力度在服务研习中并不多见。而之所以如此，还是得力于 HOPE 几年来坚持不懈的努力。

根据经费和泗安的食宿条件，我们只能选择 20 名左右的同学参与项目。选人的方式就是通过微博在选课同学中招募，完全遵循自愿原则，没有这一点，就无法保证参与项目的同学的热情和责任心。最初有 30 多名同学报名，见面把各种情况都说清楚之后，要求周末必须有较多时间，没有其他太多事情分心，一部分同学退出。此后，先后组织了两批同学前往番禺新沙和泗安两个康复村，近距离接触康复老人，并要求每个人都写访村日志。在此过程中，一些同学感受到路途的艰辛，一些同学可能还是害怕，还有一些则是家里反对，选择退出。在学期开始之前，经过两个月左右的宣传、分享和前往康复村，最终我们选定了 18 名同学。后来证明，这些自愿选择留下来的同学不但有较为持久的热情，还有比较强的工作能力和责任心。其间，一位男同学 3 月初因打球眼角膜受伤，一度濒临失明，经过两个月的治疗和恢复，6 月份又开始参与访谈，这基本可以代表大多数同学的态度。

所有的组织工作都需要一定的培训，以便参与者尽快了解和适应将要面对的工作。因为这样的工作以往未曾做过，我并无明确的培训意识，更加没有系统的培训，这是这次口述史工作严重不足的地方。但我们还是会在整个过程中考虑培训的问题，在招募过程中说明情况，有意愿的同学在网络上可以交流。初次的分享会则会把泗安、麻风病、项目和口述史的基本情况介绍给大家，当然还比较粗糙。此后的访村，也会特意参加 HOPE 的访村活动，让我们的同学与 HOPE 的志愿者一起探访老人，进行经验分享，并进一步了解村庄和老人，了解麻风病。一起做饭、玩游戏、分享，这样能使大家更快地了解公益和公益组织独特的氛围。我们还举办了两次口述史分享会，都是与广东省档案馆收集整理部合作的。收集整理部是广东省做口述史的重镇，他们主要与广东省电视台合作，做电视访谈，钟鸣主任和他的同事前后两次与同学们座谈做口述史的甘苦以及需要注意的问题，令同学们获益匪浅。至于麻风病的知识，则是请番禺新沙医院专门从事麻风病防治 20 多年的医生做讲座，题目是“新中国成立后麻风病防治政策的演变”。凡此种种，都是一种潜移默化的培训。但在此过程中，更多的还是大家自己去摸索，这与我相关方面的知识不足有很大关系，特别是我也是刚入门不久，需要不断摸索，希望下一次能给参与服务研习的同学提供更系统的培训。

团队组建起来之后，需要分组和分工。先是根据个人意愿，找了一位同学作为总联系人，在同学、老师和医院之间做协调和组织工作。至于分组，因为我们认为做口述史要求访谈双方彼此有一定的感情基础，需要比较充分的交流，在自然的状态下慢慢谈及往事，然后通过一次次访谈，一次次提出问题，最后整理而成，这就必然要投入大量的时间，单独一个人很难胜任。最初根据对老人的了解，确定了 7 位老人，这样 18 名同学按照老人讲的方言分为 7 组：讲广州话的同学访谈讲广州话的老人，讲潮汕话的同学访谈讲潮汕话的老人。小组内的分工，则由小组自行安排。此外，还有财务、档案整理和资料管理等方面的问题。因为涉及报销，就请总联系人负责收集发票，制作报账表；相关档案被分别保存在省档案馆和医院档案室，就请一位同学负责档案的收集和分类工作。还有一件很重要的事情，就是建立网络上的交流群以及网络保存资料的空间，小组里有一位技术过硬的男生，迅速建立了口述史 QQ 群，以方便大家及时交流和共享心得；他还把所有的资料，包括口述史和麻风病的相关参考书目，分享会的视频和相片，课程课件，访谈录音，访谈录音记录稿、整理稿，等等，都放在金山快盘上，随时可以添加和更新，使保存和共享资料更加方便。

进入访谈阶段后，最初两次是所有的同学一起前往泗安，这样可以发现普遍存在的问题，通过晚间的分享把问题提出来。此后，由于同学们的时间安排不同，就由小组各自安排前往泗安访谈的时间。每个小组都做了三次以上的访谈，访谈录音记录稿也都已经整理完毕，但口述史的最终定稿尚未完成。从草拟访谈提纲到访谈，再到访谈录音记录稿，最后到整理的定稿完成，每一步工作都是非常艰辛的。特别是整理访谈录音和整理定稿，需要花费大量时间，投入巨大的心力：一些老人讲话不是很清楚，有时他们提到的名词同学不熟悉，加上录音设备不完善、环境也不理想，这些都影响到同学整理录音稿的速度。不少同学做一次访谈，要整理整整一周的时间，还有很多同学熬夜整理材料，如果有不妥的地方，还需要反复修改。有几个小组，仅仅是整理访谈录音，就整理出六七万字，定稿整理难度之大，可想而知。须知这些同学还有很繁重的功课，能如此尽心尽力，是非常不容易的。从学期初到学期末，大概平均每两周去一次泗安，在那里待上 2 ~3 天。

不过，由于做口述史项目时间较长，因此还谈不上严格的评估。整理工作结束后，我们会邀请本学院老师和校外老师或者从事麻风病康复者服务较长时间的有经验的义工完成评估。就个人目前的看法，我们的口述史整体思路和比较成型的操作方法，都还处在摸索阶段，这会造成一些同学思想和操作上的混乱，导致在访谈、访谈提纲设计、呈现方式和定稿结构方面都存在一些问题。这就需要师生不断总结和思考，从而在下一阶段的口述史工作中提供较为系统的口述史培训。同学们做了一个多学期的口述史，行动能力、沟通能力、合作意识、反思意识以及口述史能力都有了较大的提高。就我个人的观察，口述史活动使一些同学积极参与公益活动，除了麻风病关爱行动外，还有抗战老兵关爱行动，有几位同学甚至在毕业实习学校也开展了口述史教学活动，其中一位同学还为实习学校开了一门口述史课程。他们在口述史作业的心得中谈到了自己的体会：口述史让他们学到很多，开阔了视野，认识到社会真实的一面，关注那些以往未曾关注的弱势群体，做口述史的技巧可以成为他们今后工作中重要的教学方法，等等。应该说，现实的刺激可以让人更容易有问题意识，也能更加清醒地做出独立判断，这些都是书本教学给不了同学的。不仅如此，有相当一部分同学还与麻风病康复老人建立了感情，在工作完成之后，仍然经常前往泗安去陪伴老人。此外，我们虽然没有刻意宣传，但通过同学们的行动和发布在网络上的信息，对周围同学了解麻风病、消除对麻风病的歧视，无疑也起到了潜移默化的作用。

三　关于推广服务研习的思考

通过以上回顾，我们的口述史工作虽然还存在种种不足，但这半年来还是积累了不少经验，也遇到很多未能妥善解决的问题，对于继续做口述史和开展服务研习也有了更多的信心。不过，需要进一步思考的是：我们的口述史服务研习项目是不是具有代表性的服务研习项目？对在中国大陆推广服务研习有无可借鉴之处？

此服务研习项目大概不具有代表性。由于距离太远，同学们投入的时间、精力远远超出通常的服务研习项目所需。在一门课程中如此投入，成本太大，在现在一个学期动辄七八门甚至更多课程的情况下，显然并不现实，甚至会影响学生的正常学习。但是，口述史作为服务研习的一种方式具有现实的可操作性。因为同学们兴趣不同，可以就自己的兴趣对身边不同经历的人进行口述史访谈，比如学校周边的小贩，学校的保安、清洁工、饭堂师傅、门卫和教授，以及各行各业的人包括他们的亲人，等等，从而为当代中国收集第一手的口述史料。这样的工作我们已尝试了三四年，收获颇丰。首先，口述史本身就是历史学科的重要分支，保尔·汤普逊说："口述史对公认的历史神话，即历史传统所内在固有的权威判断发出了挑战。它为从根本上转变历史的社会意义提供了手段。"①其次，做口述史访谈过程中遇到的无限丰富的细节，让同学们随时都能感受到理论的局限或魅力所在：局限在于任何理论家都由于专注的领域或范围而忽略了不少重要的知识范畴；而魅力则在于一些理论家强有力的概括能力。最后，每一次学生们对口述史带给他们的发现所表露的惊喜和触摸真实历史而呈现的感动，都让我这个做老师的在历史研究和教学方法上有不同的发现。

以下还是就此前的尝试，透过个案来谈谈在大陆高校推广服务研习的可能性和困难所在。

自从扩招之后，大学升学率逐年大幅提高，大学人满为患，大学生面临巨大的竞争和就业压力。在如此重压之下，对大多数学生来说，是否参与社会服务是一项艰难的选择。因为课业也会挤压他们参与公共服务的时间。还有另一种选择，就是蜻蜓点水式的服务研习，但这是服务研习的宗旨所在吗？似乎不是。怎样才能把学生从重负之下解放出来？目前来看，并无一个总体的解决办法，只能暂时做小规模的尝试。但这个时代社会服务相当匮乏，社会纽带日渐松散乃至断裂，造成严重的社会问题，人们内心对社会关怀有强烈的需求。可以说，为社会和他人服务在大学

---

① 〔英〕保尔·汤普逊：《过去的声音——口述史》，覃方明等译，沈阳：辽宁教育出版社，2000，第24页。

生中日渐成为一种普遍的愿望，有些人甚至还打趣说，现在做公益都快成时尚了。虽然是玩笑话，但真实地反映出时代思潮的变化。最近，我为开公益课程对那些选课的同学做了一次调查，90%的同学有意愿做些力所能及的社会服务。虽然这个数据并不准确——选课的同学本身就已经有公益意识了——但还是能够说明一些问题。参与口述史服务研习项目的同学更能说明问题。教师也处在和学生相似的困境之中，竞争压力、工作繁重，都是无从避免的，但新的思潮在教师中也逐渐获得越来越多的认同。可以说，压力与希望并存。

应该说，在此条件下推广服务研习，是实现教育模式转变的契机和重要途径。教育部门特别是学校在此过程中如果能够在各方面给予支持，对服务研习的推广和学生公益意识的提升，无疑会起到非常重要的作用。其一，给予学生一定的学分、给予老师一定的工作量计算方面的鼓励。倒不是说学生都必须参与服务研习，但学校可以出台全校性的鼓励机制。比如，参与一门课程中的服务研习项目可以适当增加学分；教师组织开展服务研习，也可适当增加工作量，如此可以鼓励师生参与服务研习。当然，为了提高服务研习的质量，对教师的服务研习活动既要鼓励，也要进行有效管理，比如，教师提出服务研习项目，由学校设定专门机构加以评定和批准，对学生人数也应该根据服务对象和服务机构的情况加以适当限制。其二，在经费方面也可考虑给予适当支持。其三，可以以学校的名义去联系相关机构。学校不需要亲自去操作联系机构，只要批准服务研习项目，即可由师生自行联系机构。这样既不增加校方的工作量，给予师生充分自由，又以学校的信誉做保证给服务研习提供坚实的基础。若能如此，服务研习的理念——“互相帮助以建立更美好的社会；帮助他人就是帮助自己；服务是为了学习，学习亦是为了服务”①——必将促进学

① 岭南大学服务研习处：《服务研习计划：岭南模式》，香港：岭南大学服务研习处，2008，第7页。

校自身在学术和服务社会两方面的提升。

最后想说的一点是，不同课程中的服务研习项目的服务方向和联系的机构应该具有长期性和稳定性，要有足够的时间保证并进行长期专注的服务和研究，才能真正践行服务研习所追求的“作育英才，服务社会”。不仅如此，如果条件允许，还可以考虑建立相应的社团，出版内部刊物，等等。就我们而言，通过此口述史服务研习项目，在将来把口述史作为发展方向，在校内申请成立口述史社团，并办内部口述史刊物，锻炼学生主动记录和书写历史、反思历史的能力，也给那些需要通过口述史赋权的社会群体提供必要的服务。在此，非常感谢香港岭南大学服务研习处在启发服务研习理念、提供经费等方面的支持。

学校简介

华南师范大学位于广州，始建于1933年，至今已经有81年的历史，是中国在21世纪重点建设的100所大学之一。虽然近期开始向研究型大学转型，但作为广东乃至临近省份培养中小学教师最重要的基地这一特点却是不变的。基于师范院校的影响力遍及中小学教育系统，在华南师范大学推广服务研习是十分必要的。

院系简介

历史文化学院是华南师范大学历史最悠久的院系之一，早期颇多名家在此执教，教师大都有留学海外的背景。经过数十年的变迁，如今，学院的中国史和世界史两个方向均已成为国家一级学科博士学位授权点，并且设有博士后流动站；学术研究和办学方面均发展较快，在法国史、宗教史、魏晋南北朝史、唐宋经济史、近代思想文化史领域有着较强的科研能力。

课程简介

“历史社会学”是历史文化学院近年来开设的课程，主要是为了培养学生的历史理论思维。开设“历史社会学”这门课程本来就是为了综合研究社会结构在历史过程中的变迁，分析不同历史要素的演变对历史进程的影响。之所以在“历史社会学”课上开始尝试将口述史与服务研习相结合，是因为社会学与历史学的性质：社会学除了注重宏观分析，也注重实地调查；历史学则非常注重细节。而实地调查和注重细节是历史专业的学生所必备的专业素养，口述史可以兼具二者的一些特点。故此在课程作业方面，鼓励一部分学生尝试口述史的形式。

第四节　环境教育，从娃娃抓起

——广西医科大学“广西少数民族地区环境教育”服务研习项目的实践与思考

一　开展“广西少数民族地区环境教育”服务研习项目的必要性

在少数民族地区开展环境教育是解决西部地区环境问题的有效途径，也是高校落实科学发展观的重要组成部分。然而，我国高校生态环境教育较为滞后，少数民族地区高校的环境教育更为薄弱。在少数民族地区高校中开展环境教育能帮助学生树立正确的环保观念。广西壮族自治区是少数民族聚居地，在桂北和桂西南地区居住着苗、侗、壮、瑶等多个少数民族。桂北和桂西南地区大多是山区，民风淳朴，民情浓郁，但是交通闭塞，经济发展与教育相对比较落后，是典型的老、少、边、穷地区。这些地区多为喀斯特地貌，石漠化现象比较严重。贫困是这些地区的最大问题，所以当地人肩负着发展经济的艰巨任务。随着经济的不断发展，这些地区如何寻找一条发展经济与保护环境相互协调的道路显得越来越重要。然而，这些地区民众的受教育程度普遍偏低，环境保护意识不强，所以在这些少数民族地区开展环境教育就显得尤为重要并且有其积极的意义。

广西医科大学绿色沙龙环保协会作为一个公益性环保社团，一直致力于环境保护方面的教育与宣传工作，但社团的活动一直没有能够与高校课程结合起来。而当今的大学教育提倡理论与实践相结合，通过服务社会提升大学生的实践能力，巩固所学的理论知识。服务研习正是基于这样一种理念，将社区服务与专业课程相结合，注重反思和公民责任感。服务研习是一种体验式教学法，学生通过参加组织周全的活动来满足社区的需要；它为学生提供关怀他人的机会，将学生的学习扩展到社区。服务研习强调课程学习与服务实践并重，服务必须与课程相结合，配合课程的安排，学生将在课程中所学的知识和技能运用到服务实践中。服务研习注重结构化反思活动，教师在服务前、服务中及服务后安排反思活动，帮助学生整合其课程学习与服务经验，提升学习效果。此外，服务研习促使学生在服务实践中关注社会，培养社会责任感。

“形势与政策”课是一门思想性、政治性和时效性很强的课程，而环境教育是当下大学生教育的一个重要内容。结合广西的实际情况，在“形式与政策”课上讲授“广西少数民族地区环境教育”专题对学生的环境教育而言具有重要的意义。通过服务研习，能够促使学生运用在课堂上学到的知识服务社会，培养了学生的社会责任感，使学生在服务中加深对理论知识的理解。

二　“广西少数民族地区环境教育”服务研习项目的开展

通过收集资料，将项目开展地点定在广西马山县新汉小学。近年来，马山县的经济得到了较快的发展，但在经济发展的同时，环境逐渐遭到破坏，例如，石山开采不合理，存在滑坡、泥石流等安全隐患；民族文化失传，民族特色逐渐减少，旅游资源流失。环境的破坏也使人们尝到了苦果，如天气无常，旅游收入减少，等等。部分人群逐渐有了保护环境的意识，但是当地人非常缺乏环保知识，他们虽然希望环境能够得到改善，但却不知从何做起。广西医科大学绿色沙龙环保协会希望通过开展服务研习项目，能够为当地的环境教育做一些力所能及的事。新汉小学位于马山县的南部，距离县城10公里，地理位置比较偏僻，自然环境恶劣，山多地少，当地教育相比其他地区相对落后。由于师资条件的限制，这个学校无法开设环境教育课程，学生对环保知识了解甚少。所以，选定在新汉小学开展服务研习项目。

（一）开展服务研习项目前的准备工作

在新汉小学开展服务研习项目前对教员们进行了三次环境教育培训，分别是室内环境教育培训、户外环境教育培训和教案培训。室内环境教育培训和户外环境教育培训针对开展环境教育过程中遇到的问题进行分析和讨论，并给教员灌输“爱的教育”和“感恩教育”理念。教案培训是教员们成为“老师”之前必不可少的。教案培训讲解环境教育课的教案如何设计，教员们参考历年的经典教案，通过举例子讲解教案如何设计。如此，让教员在虚拟的课堂上通过观看自己的表现发现不足，以完善教案，为顺利开展环境教育课打下基础。

（二）服务研习项目的实施

1. 环境教育课

广西医科大学绿色沙龙环保协会于2013年4月、5月、6月在马山县新汉小学各开展了一次服务研习活动，服务研习活动均在周末举行，得到了新汉小学校领导的大力支持，小学生们也积极参与。其中，有22个教员参与授课，授课对象累计达200人。这是一个以医学生为主的项目组，在授课过程中医学生能结合所学的医学知识给小学生讲解破坏环境对人身体健康的危害，能吸引小学生的注意力。在服务研习活动中，教员对新汉小学的学生开展了室内环境教育、室外环境教育、感恩励志教育、健康知识教育等，得到了学校领导、老师的认可和小学生的热烈欢迎。环境教育课是一种趣味环教，教员们营造一种快乐的气氛，使小学生在无形之中接受环保理念，有时候一节课纯粹就是一个游戏，然后提炼升华；同时，环境教育课也是一种人文环教，在授课过程中不仅向小学生传授环保知识，还给他们传递积极的人生观、世界观；此外，环境教育课也是一种爱的教育，通过教员们对小学生的爱，带动小学生去爱身边的事物，爱他们的家乡，然后教他们爱地球这个家。上课形式不拘一格，例如，做游戏，开展知识竞赛，进行角色扮演，等等；上课地点可在室内，也可在室外。

2. 绿色书架及联谊会

乡村小学课外知识读本比较匮乏，我们在新汉小学建了“绿色书架”，选购了一批适合该校小学生阅读的书籍，并与学校协商，制订可行的方案，确保小学生们能够阅读这些书籍。小学生们可以从中学到很多关于人与自然关系的知识，从而掌握更多的环保知识，有利于环境教育的进一步开展。在服务研习项目开展过程中，教员与全校师生以联欢会的形式就环境教育进行交流互动，小学生们在教员的带领下以唱歌、跳舞等形式表达自己对家乡环境的热爱，老师们也热情参与其中，主动与教员和参与服务研习的学生交流。

3. 服务研习拓展活动

通过前期踩点及与新汉小学老师交流，我们了解到新汉小学失学率偏高，老师期待教员们能够给孩子们进行感恩励志教育。同时，由于乡村卫生条件较差，老师希望我们能够发挥医学生的专长给孩子们普及卫生常识。在服务研习项目开展期间，教员们精心准备了感恩励志课教案、励志歌曲与孩子们分享、共勉，孩子们用励志歌曲来鼓舞自己。教员们在开展服务研习项目前期精心绘制了卫生健康常识展板，以授课和户外宣传的形式将卫生健康常识传授给孩子们。通过这种形式，孩子们的卫生常识得到了增长。

三　对“广西少数民族地区环境教育”服务研习项目的反思

（一）服务研习对专业课程的促进作用

广西医科大学以往的“形势与政策”课程主要采用课堂上由老师讲授理论知识、学生课后自行实践的教学方式，所以学生对理论的掌握通常局限于应付老师的考查，如对环保知识的理解程度，不能落实到日常生活中。实施服务研习项目之后，学生通过当教员的方式，在准备教案、向小学生传授环保知识的过程中加深了对理论的理解，使得“形式与政策”课程能够指导实际生活。“热爱环保、了解环保、学习环保、传播环保知识”是他们在服务研习项目开展过程中成长的路线，在学习中践行。这也说明了服务研习作为一种教学法具有可持续发展的特性。如果这种服务研习活动能成为课程实践课的一部分，那么活动会更有深度，收到的效果会更大，受益人群也会更多。

（二）大学生在服务研习项目中的收获

参与服务研习项目的大学生认为，这种“充满爱”的经历使他们每个人的内心都在悄然发生变化，他们正逐渐走向成熟，变得坚强。出于对环境教育的使命与责任，这些大学生相聚在新汉小学，大学生之间、大学生与孩子们之间建立了深厚的友谊，他们在此过程中感受爱、学会爱、传递爱，传递环保知识，培养“绿色传递使者”，使“绿色循环”得以继续下去。

此外，通过参与服务研习项目使大学生认识到，无论是在准备过程中，还是在实际上课过程中、项目开展过程中，都必须考虑孩子们的行为和感受。只有充分考虑到孩子们的状态、思维模式等，才能更好地引导他们。趣味环教是绿色沙龙环保协会的传统环教模式，针对孩子们的特点设计授课形式（如破冰、观察体验、讲故事、做游戏、唱歌、绘画、做实验、开展竞赛、角色扮演、头脑风暴、分享与交流等），让孩子们在欢乐的气氛中轻松地学习。但是各种授课形式都有一定的局限性，教员们必须根据孩子们的特点和需求设计每一堂课的内容。此外，课程应当具有连贯性，包括对整个环教课程的整体考虑、课程总目标与各堂课的衔接、各堂课之间的层次及连贯性等。准备与总结工作相当琐碎，但是也相当重要：从考查学生情况开始，选择主题、查找资料、确定内容、书写教案、准备教具、模拟课堂、实际上课、总结与提出改进建议等都需要一丝不苟地完成。

（三）服务研习项目开展过程中遇到的困难及未来的考虑

1. 服务研习的内容非常有限

服务研习是借助一定的项目活动对大学课程的实践。由于项目活动是有限的，加上项目实施的时间及经费的限制，只能在一个项目点就大学课程某个专题开展项目活动，这就使参与服务研习的大学生非常有限，即使是绿色沙龙环保协会的会员，都不能保证全部参与。此外，大学生的服务时间有限，活动经验不足，难以形成规模效应。首先，在服务研习的安排上，无论是在研习的时间上，还是服务的内容上都留有遗憾，总有未完成的事情。比如，每次开展服务研习活动我们都发现，由于准备的时间仓促，在给小学生授课的过程中会觉得对活动的准备还不够完善，不能充分解答孩子们的疑问。因而，服务研习项目在执行和操作上多多少少会存在一些不够完善的地方。其次，服务研习内容的烦琐使得教员们觉得很疲惫。对于开展的三次服务研习活动而言，服务研习的主题内空丰富多彩，但在实施的过程中，内容的烦琐容易导致大学生研习的压力较大；虽然大学生的热情和积极性都很高，但是由于每天须按时整理调研资料，并花大量时间为小学生服务，大学生会感觉比较辛苦。同时，在此过程中要不断发现新的主题研究领域和服务对象，这就为服务研习的整体运行带来了较大的被动性。此外，服务研习的经费不足导致项目开展的深度有限。经费是开展服务研习项目的保障，为了较为长期和有效地开展服务研习项目，就需要有经费的持续支持和资助。此次开展服务研习项目，大学生们从城市到农村，往返交通费与餐费花去很大一部分经费，建立绿色书架其实还有很多有用的书籍需要购买，但由于经费有限，无法购买更多的书籍。

2. 服务研习的可持续性问题

一定时间的项目活动及一定的经费限制，使得少数民族地区环境教育的可持续性受到影响。在边远的山区，学校很难从上级那里拿到教育经费进行环境教育。服务研习项目一旦结束，环境教育的可持续性就会遇到问题；小学老师们由于工作任务的限制，没有更多精力对孩子们进行环境教育，这也是环境教育面临的问题。所以可以考虑，未来的服务研习项目能否为社区链接更多的资源，以支持社区的发展，直到社区自己能够发展之后，外部资源才撤出社区。

总而言之，服务研习是一个很好的教育平台，也是一种特别的社会实践方式，对高校专业课程教育、学生及社区的影响是深远而持久的。服务研习超越了普通的公益活动，在服务社区、回报社会的同时，也让学生能够透过实践不断学习和反思，不断地成长。展望未来，我们有信心把服务研习的精神传承下去，发扬光大；相信我们的“绿色循环”之路会越走越远。

院系简介

广西医科大学人文社会科学学院由 11 个教研室、2 个研究中心和 1 个技能培训基地组成，包括社会工作教研室、经济学与社会医疗保障教研室、人文医学教研室、大学语文与文秘教研室、中国政治理论教研室、马克思主义基本原理教研室、中国近现代史纲要教研室、思想道德修养和法律基础教研室、艺术教研室、形势与政策教研室、大学生职业发展与就业指导教研室、广西医科大学人文社会医学研究中心、广西医科大学妇女研究中心和中国医师人文医学执业技能培训（广西）基地。其中，形势与政策教研室主要负责全校学生的“形势与政策”课程的教学。学院设有社会工作、公共事业管理（社会医疗保障方向）2 个本科专业，分别于2009 年、2010 年 7 月开始面向全国招生。学院将高扬医学与人文相融合的宗旨，加强与社会各界的合作，提升学校教学科研和服务社会的能力与水平，培育高素质的医药卫生人才，为经济社会的科学发展、和谐发展、跨越发展做出应有的贡献。

课程简介

形势与政策教育是连接学校与社会的桥梁。“形势与政策”课是高等学校思想政治理论课的重要组成部分，是对大学生进行形势与政策教育的主渠道、主阵地，在大学生思想政治教育中担负着重要的使命，是每个大学生的必修课程。课程针对学生关注的热点问题，帮助学生认清国内外形势，教育和引导学生全面、准确地理解党的路线、方针和政策，对学生进行国际形势与国家关系状况的教育。广西医科大学“形势与政策”课程结合广西的实际情况，开设“低碳经济”专题，环境教育是其中一部分内容。

第五节　学问思辨于笃行

——中山大学“公益慈善伦理与乡土文化保育”服务研习项目的思考与实践

“服务研习”或曰“服务学习”（service-learning）作为一种教学法是否可以被运用在学术性较强的研究生教育中？是否可以和哲学、历史这样的人文基础学科相结合？中山大学对此进行了尝试。2012 年暑期，中山大学研究生院与中山大学中国公益慈善研究院合作，将“服务研习”的理念引入开展多年的暑期研究生公益实践项目。通过香港岭南大学组织的培训，让师生们体悟

“服务研习”所蕴含的学术意义，发现它与既有的“学雷锋”、“三下乡”、青年志愿者支教等活动的不同之处。2012 年，我们的“公益慈善伦理与乡土文化保育”服务研习项目通过竞标得以在研究生院立项，2013 年寒假及清明节我们继续深入研习，又有幸得到香港岭南大学服务研习处的进一步资助。于是，分别来自哲学系和历史系的两位年轻教师带领十几名不同人文学科背景的学生走上了服务研习之路，一路探索，一路收获。

一 “笃行”之新义

“博学、审问、慎思、明辨、笃行”——中山大学的这一校训是孙中山先生于 1924 年亲笔提写的。它源自《中庸》，按《中庸》原意理解，是指人具有“诚”之本性，只要按“至诚”之本性修身，透过学、问、思、辨、行五个环节——广博地学习、审慎地探问、周密地思考、明晰地分辨和切实地履行——便可以把自己修养成“君子”。①服务研习的理念促进了我们对这一古训的理解和反思。一般认为，“学”、“问”、“思”、“辨”是学之理论方法，“行”则是学之实践方法，或是学习之后的社会实践。前四者为后者奠定基础，后者则为前四者提供经验和“检验”。而服务研习则提示我们：“笃行”不仅可以作为为学修身这一有机过程的最后一环，而且可以扩展为这个有机体的“培养皿”，也就是说，学问思辨蕴于笃行之中，成于笃行之中。知与行原本就是相生互构的统一体。在《传习录》中，有人提出：“古人说知行做两个，亦是要人见个分晓，一行做知的功夫，一行做行的功夫，即功夫始有下落。”王阳明回答道：“此却失了古人宗旨也。某尝说知是行的主意，行是知的功夫；知是行之始，行是知之成。若会得时，只说一个知已自有行在，只说一个行已自有知在。古人所以既说一个知又说一个行者，只为世间有一种人，懵

① 参见王国轩译注《大学·中庸》，北京：中华书局，2007，第 101 页。

懵懂懂的任意去做，全不解思惟省察，也只是个冥行妄作，所以必说个知，方才行得是；又有一种人，茫茫荡荡悬空去思索，全不肯着实躬行，也只是个揣摸影响，所以必说一个行，方才知得真。此是古人不得已补偏救弊的说话，若见得这个意时，即一言而足，今人却就将知行分作两件去做，以为必先知了然后能行，我如今且去讲习讨论做知的工夫，待知得真了方去做行的工夫，故遂终身不行，亦遂终身不知。此不是小病痛，其来已非一日矣。"[①]服务研习的方法不是空中楼阁般的"舶来品"，反而回归和印证了阳明哲学中这一深邃的传统，切中了知行二分的积习，特别是现代教育知行脱节的恶疾。

二 "服务"之意涵

"笃行"在服务研习的方法体系中是通过"服务"落实的。"服务"一词朴素常用，但却意蕴深远。概览中西服务观的沿革史，更有助于我们理解服务研习的意涵。

从汉语词源上看，"服"和"务"最初是单独使用的。"服，用也。"在《说文解字》中属"舟"部，而"古文服，从人"。段玉裁注："凡事如舟之于人冣切用也。凡事皆当如人之操舟也。"[②]《周易·系辞下》中有"服牛乘马，引重致远，以利天下"，说的是远古圣王役使牛马驾车负重，从而利于天下之人。可见，"服"的字源内涵就是顺从于人从而为人所用。而"务"字为"趣"之"疾走"义，"言其促疾于事也"，[③]表示积极、急切地致力于某事。"知者无不知也，当务之为急；仁者无不爱也，急亲贤之为务。尧舜之知而不徧物，急先务也；尧舜之仁不徧爱

① 王阳明：《传习录》，《王阳明全集》（上卷），上海：上海古籍出版社，1992，第4~5页。

② 许慎撰、段玉裁注《说文解字注》，上海：上海古籍出版社，1981，第404页。

③ 许慎撰、段玉裁注《说文解字注》，上海：上海古籍出版社，1981，第699页。

人，急亲贤也。不能三年之丧，而缌、小功之察；放饭流歠，而问无齿决，是之谓不知务。”①《孟子·尽心上》所载的孟子此语正凸显了这一释义。由此，“务”引申为操劳、追求、谋求、必定等。由字源义可见，“服”与“务”都含有为了实现某种目的和功能去做事的意思，但也有所不同：“服”常用于物，侧重于因劳役而做某事；“务”字的主语通常为人，是人主动尽力地做某事。二者之间有客体与主体、被动与主动的张力。

英语中，作为名词的服务一词源自拉丁语“servitium（slavery）”或“servus（slave）”，表示奴役或奴隶。②而在古希腊晚期，古罗马哲学家西塞罗则提出了基于责任的服务观，他将服务分为两种：个体服务和国家服务。所谓个体服务，就是一种个体救助性服务，主要是指律师所提供的那种自愿而且无偿的义务辩护。因为根据当时的法律，不允许律师在帮人辩护时收费，所以义务替人辩护这种仁惠的行为就是服务。所谓国家服务，是致力于整个国家和全体国民的利益，履行公共行政事务的职责。“我们对这两种服务都应当设法兼顾，但是我们在保护个人利益时必须注意，我们为他们所做的事情应当有利于国家，至少不要损害国家的利益。”③西塞罗特别强调无论是个体服务还是国家服务首先要合乎公正的原则，因为“在一切公共行政事务和公益服务中，最要紧的事情是丝毫不要被人怀疑有私心”④。“就通过个人服务提供帮助而言，最高的准则是：绝不要接与正确对立或为错误辩护的案子。因为保持荣誉的基础是公正，没有公正就不可能有任何值得赞美的东西。”⑤他倡导人们为同胞服务：“如果说我

---

① 《孟子·尽心上》。

② 参见 http://www.oxforddictionaries.com/definition/english/service。

③ 西塞罗：《论老年 论友谊 论责任》，徐奕春译，北京：商务印书馆，1998，第202页。

④ 西塞罗：《论老年 论友谊 论责任》，徐奕春译，北京：商务印书馆，1998，第203页。

⑤ 西塞罗：《论老年 论友谊 论责任》，徐奕春译，北京：商务印书馆，1998，第201页。

在过去繁忙的时候也在为我的同胞们服务，那么我在闲暇之时也同样能为他们服务。”[①]可见，在西方文明语境中，“服务”一词也包含两个义项：一是处于奴役状态的被动行为，另一是主动地为他人做贡献。从16世纪80年代起，“军人的职责”成为服务的义项。[②]作为职责的服务可以说游移于这两端之间。而将奴役美化为职责直至内化为民众心甘情愿的奉献，也是很多统治者梦寐以求的“服务观”。如普鲁士国王威廉一世所说：“人们必须全心全意，用全家全产，名誉和良心，为君王服务，并奉献一切，除了上帝赐给的天堂幸福以外，其他一切必须是我的。”[③]“为垄断者服务”与“为全社会服务”是不同的服务观，恩格斯指出被压迫的工人大众“越来越被迫起来要求利用这种财富和生产力来为全社会服务，以代替现在为一个垄断者阶级服务的状况”[④]。谁为谁服务、是否出于意愿而服务成为服务观的伦理标尺，甚至成为具有道德感召力的政治话语。

在西方思潮的影响下，合为一词的“服务”在中国近现代的观念史中屡见不鲜。服务国家、服务社会、服务人民都曾是影响广泛的口号或宗旨。1944年9月，毛泽东在张思德的追悼会上发表演讲，后被整理成《为人民服务》一文发表。1945年，在中国共产党第七次全国代表大会上，毛泽东明确提出“全心全意为人民服务”是党的宗旨。1949年之后，“为人民服务”被写入《中华人民共和国宪法》。

改革开放以后，“服务”的政治意味开始减弱，经济意味逐渐凸显。人们的服务观也有所变化，一些人认为服务业是“伺候人”的、低贱的。但随着第三产业的飞速发展，服务业的容量越来越大，服务的经济价值受到重视。有钱固然可以买到很多服务，然而，一些公共服务却不是有钱就可以买来的。20世纪90

---

① 西塞罗：《论神性》，石敏敏译，上海：上海三联书店，2007，第20页。

② 参见 http://dictionary.reference.com/browse/service。

③ 转引自张汝伦《莱茵哲影》，上海：上海人民出版社，2005，第5页。

④ 《马克思恩格斯选集》第2卷，北京：人民出版社，1995，第596~597页。

年代后，志愿服务的大规模兴起为“服务”增添了新的光彩。不过，近年来，随着政府购买公益服务的比例增大，一些公益人士担心公益慈善事业若被仅仅定义为“服务业”的一种，自身安于“被购买”的地位，终会丧失其改变社会的精神力量。

综上可见，在中西方服务观的发展史上，都存在强制与自愿、私利与公益的张力。而随着人伦关系的平等化、道德选择的自由化和公共领域的扩大，服务的志愿性与公益性在“第三部门”得以合一。服务从根本上说是人对人的照料和呵护，最好的服务必出于真挚的爱，是将心比心、以心交心的共生共享。这和教育的本质是共通的，因而将教学活动嵌入服务之中是合乎教育发展规律的。

一般而言，“服务研习是将社区服务和学术研究结合起来，以增强个体与他人之间关系的多元教学法”①。这种服务研习的理念将教学的空间由学校拓展至社会，教学的内容由课程拓展至生活，教学的主体由教师转向学生。正如杜威所说：“一切教育都是通过个人参与人类的社会意识而进行的。”②然而，象牙塔式的现代教育却将学习主体与生活世界隔离开，只侧重他们与抽象的社会意识（知识）的链接，而忽略他们对社会意识生成过程的切身参与。就连道德教育也被抽象为道德知识的教育，培养出一代精致的利己主义者。而服务研习，则可以“把伦理的中心从自私的吸收转到社会性的服务”，使被教育者成为自我教育者，让他们“按照社会的能力和服务方面的生长”，当“他和生活更多的统一，变成了统一一切的目的”，“心灵训练、文化修养和知识”就自然地“构成生长的各个方面”。③服务研习是通过“服务”这种“实践”训练和“理论”探究来逐步促进人的社会性发展，提

① Ehrlich, T. Foreword. 1996. *Service-Learning in Higher Education: Concepts and Practices*. San Francisco: Jossey-Bass, p. Xi.

② 参见《杜威教育论著选》，赵祥麟、王承绪编译，上海：华东师范大学出版社，1981，第1页。

③ 参见《杜威教育论著选》，赵祥麟、王承绪编译，上海：华东师范大学出版社，1981，第62、107页。

升人与人之间互惠互助的道德联结意识和能力。也就是说，服务研习作为一种教学法，其本身就具有教育的功能性和目的性。因此，服务研习是一种秉承服务的理念和实践的精神，寓学于做，将个体性融于社会性之中，并通过社会性的建构实现个体全面、自由的发展。尤为重要的是，对服务理念的理解和界定，是影响服务研习项目顺利运行的核心要素。

虽然服务的内涵与公益、慈善、志愿行为等词具有一致性，但服务研习并不完全等同于公益、慈善或志愿者活动。有学者认为，服务研习之所以不同于公益在于："公益、慈善或志愿者活动是一种单向的社会参与式活动，而服务研习则必然形成互惠和互助的双向的联系，即服务研习的服务和从服务活动中反思与学习的双向性。"①乍看起来，这个解释似乎合情合理，但是仔细思考，服务研习与公益或志愿者活动仍有本质的不同。无论是公益或志愿者活动还是服务研习都能够形成互惠互助的双向关系，从单向和双向关系出发并不能从根本上区分公益或志愿者活动与服务研习。显然，服务研习中包含了一定的公益或志愿者活动，但并不能涵盖所有的公益或志愿者活动。这究竟是为什么？简而言之，服务研习与公益或志愿者活动相比只是多了学术研习的内容，这样阐释二者的区别并不明晰。其实，服务研习与公益或志愿者活动的区别在于：两种活动的价值导向不同。公益或志愿者活动的价值在于向他性的互惠以及互惠关系的形成，而服务研习的价值导向则是通过向他性的互惠以及互惠关系形成一种向己性的赋能过程，最后以完善向他性和向己性的共存关系为目标。因此，互惠关系是服务研习的价值起点，正如关爱他人是服务研习的价值起点，而赋能过程作为服务研习的价值转折，将自我实现作为价值实现的必备条件。最后，共存关系作为服务研习的价值终点，将关爱他人与实现自我作为一个人一生的价值诉求。在这

① Lukenchuk, A. 2009. Living the Ethics of Responsibility through University Service and Service-Learning: Phronesis and Praxis Reconsidered. *Philosophical Studies in Education*, Vol. 40, pp. 248 – 257.

种意义上，服务研习是关爱他人与实现自我双向并存的公益研习。

三 “研习”之探索

我们的“公益慈善伦理与乡土文化保育”服务研习项目主要是通过对客家乡村公益伦理的现状及其变迁的探索，逐步展开客家乡村公益服务的具体实践，以实现乡村非物质文化的保育功能；而文化与博物馆、中国哲学专业的师生，则通过对客家乡土建筑即围龙屋的历史构造和现代价值的研究，使客家乡村乡土物质文化遗产的保育功能得以逐步实现。

在专业的学术研究部分，主要包括理论准备、资料整理及学术成果汇总三大阶段。首先是理论准备阶段。这个阶段主要是在专业分工的基础上，就所要研究的具体项目主题进行学术资料的收集以及消化和吸收。在此之前需要建立一个学术共同体群，将项目成员所收集的各种资料共享，以方便项目成员对资料进行消化和吸收。为了更深入地了解项目所要研究的主题以及以往的研究成果，我们主要通过“读书报告会”的形式，让每位参与项目的学生各认领一本书并分享读书心得，以梳理以往与项目主题相关的研究成果，这一活动贯穿于项目早期的理论准备阶段。除此之外，我们也邀请项目主题相关领域的专家学者（项目所在地区）举办学术研讨会，促进学生对项目主题学术核心观点的了解，并强化学生对项目主题的探究兴趣；同时邀请民间精英举办讲座，比如有关风水信仰讲座、乡村退休老教师的公益讲座等。其次是资料整理阶段。这个阶段主要是进行调研和学习，撰写研习日志，并将调研的访谈录音、图片和乡土文献进行整理、归类，等等。最后是学术成果汇总阶段。在项目结束后，要求学生提交调研报告和学术论文。通过这种实践性的学术研究项目，学生能够结合自身体验，将以往所学到的专业知识运用到实际生活中；培养学生学术探究的兴趣，提升学生学术研究的能力，在提高学生实践能力的基础上最终提升学生的专业素养。

在公益探索方面，项目的核心目的在于记录和传承客家的慈善文化、保护客家的物质文化遗产和非物质文化遗产。此目的就融于志愿服务之中。比如，在日常访谈过程中帮助乡亲收稻谷、收花生；帮助老人整理书籍、资料，陪老人聊天；帮助乡村退休老教师修改传记；帮助精神病患者和脑瘫儿童寻找收费较低的托养中心；等等。在物质文化遗产的保育方面，对客家特色建筑围龙屋进行维护和修缮（帮助围龙屋的老人粉刷墙壁，以及访谈围龙屋的老木匠以了解围龙屋的建造特色和修缮技巧），对围龙屋老年人口居住情况进行调查（通过对围龙屋居住者进行访谈以及与其聊天），对地理知识和相关理论的记录（召开风水大师风水知识分享会），等等。在非物质文化遗产的保育方面，对客家乡村礼俗加以记录和保存（利用春节期间各种礼俗举办的高峰期），了解、记录客家祭祖、添丁、安龙转火等传统礼俗仪式，为客家礼俗历史传统的传承贡献力量。

四　成果与反思

在师生的共同努力下，我们的项目结出了丰硕的成果。仅就有形的成果而言，除了大量的调研材料外，还有学生的学术论文和调研报告。

反思和评价是服务研习的重要环节。首先，依据参与师生的反馈信息做出评价。对学生而言，参与服务研习项目后，有了印象深刻的实践体验。通过这种感同身受的服务实践活动，不仅能获得较为广博的社会知识，培养实践能力，也能为学术研究提供新理路。对教师而言，在服务研习项目开展过程中，需要结合学生的实际需求，给予学生全方位的理论指导和实践指引。通过这种教学法，可以促进师生零距离接触，培养师生之间的友好关系，从而使师生之间形成民主、平等、和谐的关系。其次，依据服务研习项目所在地区的反馈信息做出评价。服务研习项目不仅仅促进了师生之间教学相长，更为重要的是，这种实践是与陌生地区建立关系联结的最佳方法。对教学实践而言，开展志愿服务有利于人与人之间的紧密联系，从而有利于当地文化、经济、政治、道德等方面的发展和进步，有利于促进学生对学术科研产生兴趣和实践的共鸣。项目结束后，师生之间的民主、平等、和谐关系及师生与所服务地区关系的延续，更有利于日后开展定点服务研习。

服务研习项目开展过程中存在的不足和困境主要表现在项目的日程和内容安排、经费资助及实现服务研习的伦理性建构等方面。首先，在服务研习项目的日程和内容安排上，无论是在研习的时间上还是在服务的内容上都略有遗憾，总有未完成的事情。比如，在服务研习的最后一天，发现对很多重点的访谈对象未进行访谈，对一些助人的事宜并未完全安排妥当，等等。可见，在服务研习项目的最初开展阶段，在项目执行和操作上多多少少会有一些不够完善的地方，这也说明服务研习作为一种教学法具有可持续发展的特性。其次，服务研习具体内容的烦琐性。对这两次服务研习而言，服务研习的主题内容丰富多彩，但在实施过程中，内容的烦琐容易导致学生的研习压力较大；在具体的开展过程中，学生会感觉比较辛苦，每天须按时整理调研资料，并花大量时间去进行社会服务，同时又要不断发现新的主题研究领域和对象，这就为服务研习的整体发展带来了较大的阻碍。再次，服务研习经费不足，这是保障服务研习项目实施方面的问题之一。为了较为长期和有效地开展服务研习项目，必然要有经费的支持和资助。在本项目中，分配给学生开展活动的经费仍有不足。最后，针对服务研习项目的实践背景，我们需要思考一个更为本质的问题：如何实现服务研习的伦理性建构？也就是说，服务研习作为以服务为价值导向的实践，其伦理关系和伦理建构的本质什么？结合客家乡村公益伦理和文化保育的主题进行分析，服务研习是在公共空间内，试图寻找这个空间的在地价值和信仰习俗。在了解习俗传统的过程中，探索公益服务者的在地价值并采取相应的公益行动。之后，经过对公益行动的批判性反思，洞悉其中反馈的伦理精神，描绘所在地的价值生态，培力其公共空间。从这种意义上说，服务研习的伦理性建构需要澄清服务的价值导向、服务实践的价值反馈机制等。

学校简介

中山大学由孙中山先生创办，有一百多年的办学传统，是学术与文化中国南方重镇和人才培养南方高地。中山大学的创办和发展与“爱人类”的公益慈善（philanthropy 的希腊文义为爱人类）行动密不可分。早在 1835 年，来自美国的伯驾医生在广州设立医局，培养了中国最早的西医医生，后来在此基础上建立的博济医院，于 1866 年设立医学堂，是中国最早的医学专科教育机构；1888 年，由美国人开设的格致书院在广州开学，后来发展为私立岭南大学，博济医院及其附设的医学校成为岭南大学医学院。博济医学堂和格致书院，开启了中国近代西式教育的先河，直接继承其传统的岭南大学，为今日的中山大学留下了珍贵的遗产，成为中山大学历史不可分割的一部分。1924 年，孙中山先生亲手把清末以来在广州地区建立的一些大学整合为一体，创立国立广东大学，并亲笔题写校训——“博学、审问、慎思、明辨、笃行”。孙中山先生逝世后，学校于 1926 年定名为国立中山大学。孙中山先生创立中山大学，一开始就规定中山大学既要为改造中国社会努力，也要为中国现代思想文化的发展努力。如今，中山大学以“人心向学”为理念，把人才培养视为根本任务，为培养以振兴中华为己任的未来学术精英、行业领袖和其他社会英才而笃志力行。

科系简介

中山大学哲学系成立于 1924 年，为中山大学创建之初最早培植的学系之一。哲学系明确提出“培养人类哲学精神的承担者与体现者”的目标；在本科层次，形成了以“基础哲学”、“专题哲学”、“领域哲学”、“应用哲学”为框架的新的课程体系；在研究生层次，实行“硕博连读”制度，强调学术传承与独立思考相结合，培养高水平的专业人才。从 2013 年起，哲学系伦理学专业开设了“比较伦理与公益文化”博士培养方向，李萍教授任博士生导师，培养中国首批研究公益慈善伦理的哲学博士。

中山大学历史学系成立于 1924 年，是中山大学最早设立的学系之一。多位中国现代史学的奠基人（如陈寅恪、傅斯年、顾颉刚、岑仲勉、梁方仲、刘节等）曾在该系任教，奠定了该系深厚的学术根基。

中山大学中国公益慈善研究院是 2011 年 4 月 1 日经中山大学批准正式成立的一级非营利性研究机构。研究院立足慈善事业相对发达的珠三角地区，面向海峡两岸暨香港、澳门，开展公益慈善研究。我们的愿景是通过行动导向的研究，推动公益创新，建设一个多元、公正、可持续的美好社会；我们的使命是通过研究、教学及参与政策创新，成为具有世界影响力的公益智库。

2013 年底，中山大学公益慈善伦理研究所正式成立，该研究所是当前中国唯一专门研究公益慈善伦理问题的研究机构。研究所创办“读善会”，编译、研读公益慈善相关思想文本，涵养公益慈善伦理研究的学术共同体；创建“伦剧场”，创新公民教育和道德教育的方式。

课程简介

“公益慈善伦理专题研究”是中山大学哲学系伦理学专业“比较伦理与公益文化”专业方向博士研究生必修课，其他专业方向的研究生可选修。同时，这一课程也是中山大学中国公益慈善研究院“公益慈善硕士研修班”的核心课程之一。该课程旨在研讨公益慈善的哲学基础和根本原则，针对其伦理困境分析其中的价值生态和伦理规范，明晰道德行动的启动机制、社会伦理秩序的形成机制等。2012 年，在香港岭南大学的推动下，该课程的主讲教师王硕有幸参加了公益研习工作坊，并把这一教学方法引入该课，收到了良好的效果。

第六节　独立课程，统筹有序

——北京师范大学－香港浸会大学联合国际学院服务学习特色

自2006年起，北京师范大学－香港浸会大学联合国际学院（BNU-HKBU United International College，简称UIC）开始实践服务研习或称服务学习（Service Learning）。经过六年多的实践和探索，UIC形成了自己独特的服务学习模式，即服务学习作为一门独立的课程开设，以标准的课程模式开展。由5人组成教师团队，上千名学生参与，六年多时间践行。一边做，一边反思，然后总结、归纳，之后再做，再反思。UIC通过义工服务的方式推行服务学习，即“做中学”（learning by doing）。本节将通过经验分享，介绍UIC服务学习模式。

一　全人教育与服务学习

全人教育（Whole-person Education）认为，教育应是“整全的、全人的”教育，我们应该找回与自己内在真我的关系、与他人及社群的紧密缔结，乃至与地球宇宙的息息相关。①

全人教育关注的焦点是“关系”，是线性思考与直观思考之间的关系，是心智与身体之间的关系，是不同知识范畴之间的关系，是人与社群、人与地球，以及人的自我（self）与自性真我（the self）之间的关系。在全人教育课上，学生可以检视这些关系，从而获得对这些关系的认知，以及必要的技能，来转化孕育

---

① J. P. Miller：《生命教育——全人课程理论与实务》，张淑美等译，台北：心理出版社股份有限公司，2009，第xvii页。

出适切的关系。①

服务学习便是一种让学生将自己与他人和社群联结，将知识与实践联系，从而感受到学习的意义的教学方法。Glenn 这样描述服务学习：服务学习就是在河岸上捡垃圾（service，服务），在显微镜下检视水样本（learning，学习）。当学习生命科学的学生，收集、分析水样本，证明他们的检验结果，并将研究结果呈现给当地环保署的时候，那就是服务学习。②通过服务学习，学生将检视自己与社群、自己与地球以及自我与自性真我之间的关系，获得对这些关系的认知。例如，了解一个被边缘化的群体、分析社会问题背后的原因、意识到自己的价值等。在服务学习过程中，除了获得认知外，学生也将习得某些必要的技能，如与特殊儿童沟通的技巧、面对面访谈及问卷调查的技能、活动策划的能力等，这些认知和技能将逐渐促进学生全人发展。

全人教育（Whole Person Education）③作为 UIC 的一个教育理念，其作用是为学生提供个人发展的整体框架，使其能将在大学中所学和大学之外的生活实践经验相结合。全人教育关注的是每个学生的智力水平、道德水平、体能水平、审美水平、社会情感和精神潜质的提升。UIC 的全人教育课程以体验式学习的方式推行，共有八个模块，其中很重要的一个模块即为服务学习，亦称义工服务，旨在通过向学生传授必要的社会和义工服务知识、技能与价值观，培养学生成为积极的、有责任心的公民。通过走进社会、亲身参与社区服务，开阔学生的视野，将所学与社会需求联系起来。

---

① J. P. Miller：《生命教育——全人课程理论与实务》，张淑美等译，台北：心理出版社股份有限公司，2009，第 103 页。

② Glenn, S. J. 2007. *Discover Service-Learning—What is Service-Learning*. National Youth Leadership Council.

③ 全人教育为 Holistic Education 的中文翻译，UIC 为香港浸会大学与北京师范大学在内地合办的大学，其全人教育理念源于香港浸会大学。香港浸会大学使用 Whole Person Education，故 UIC 也使用 Whole Person Education。

二　UIC 推行服务学习模式的特点

特点一：课程设置。UIC 的服务学习课程属于独立课程，以标准课程模式开展。课程本身有严格的教学大纲、教学目标、教学时数、课程作业、课程评估系统。选修此课程的学生需通过教务的选课系统完成选课、加减课、教学评估、成绩复查等。学生成绩需提交给学校教学质量保证委员会审核，经审批后上传到教务的选课系统，供学生查询。未选修或未通过此课程考试的学生，需补修或重修该课程。顺利修习此课程的学生，便完成了一个全人教育学分。每位学生需修满 5 个全人教育学分。

2006 年 5 月，UIC 的义工服务发展中心成立，并开设了服务学习课程，作为所有大二学生全人教育课程的必修课，每学期约有 400 名学生选修该课。2009 年 9 月，根据学校的课程设置要求，服务学习课程改为全人教育课程的一门选修课，学生在大二时选修，每学期约有 380 人选修服务学习课程。

UIC 的服务学习课分 4 个子课堂，每个子课堂关注不同的社群和社会议题/话题。这 4 个子课堂分别关注：儿童（残疾、孤儿、社区青少年）、老人（邻里互助中心、敬老院的“五保”老人）、外来务工人员（工伤维权、外来务工人员子女教育、新生代外来务工人员的个人发展）、开放项目（艾滋病预防、因贫致上学困难学生助学、传递校园正能量、风景区交通指引、校园兼职网络平台搭建、校园课桌椅维修、宿舍区除害虫）。在 4 个子课堂中，学生可以选择自己感兴趣的社群，根据自己感兴趣的话题，独立设计社区服务方案。每学期都会产生新的社区服务方案。

特点二：课程准备。UIC 的服务学习以社区需求为出发点，所开设课程均与相应的社区合作机构合作，参与社区合作机构的项目，为社区合作机构及服务对象提供服务。

在课程开始前，课程导师（facilitator）[①]会与社区合作机构召开服务学习课前沟通会。课程导师向社区合作机构解释服务学习课程的理念和需求，社区合作机构介绍机构情况、可与服务学习课程结合的项目、服务需求等。然后双方就共同的需求进行匹配，形成可执行的服务学习项目。例如，自 2008 年开始，我们开始与珠海市残疾人康复中心合作。经过多年合作，双方签订了服务学习课程合作协议，成立了督导团队，专门负责服务学习项目的设计、执行和评估。2012 年前，我们跟珠海市残疾人康复中心合作的项目主要是脑瘫儿童康复项目。在 2012 年春季学期的沟通会上，珠海市残疾人康复中心表示脑瘫儿童家长的压力大，希望家长能有一条释放情绪、缓解压力的途径，于是询问我们是否有心理学和社会工作专业的学生参与服务学习课程，可否开设家长小组。至 2013 年秋季学期，我们已成功地组织三期家长小组，得到珠海市残疾人康复中心的肯定，中心希望家长小组能够拓宽服务范围，能够服务于智障、自闭及听障儿童的家长。

此外，在学期结束后，我们会再约见合作团体或机构做全面评检（evaluation），在维持紧密的合作关系时，也希望了解合作团体或机构未来的发展方向，为下学期的课程做更到位的准备，令学生有更清晰的服务学习焦点体会。服务学习课程与社区需求相结合是服务学习课程的基础，也是其持久性的保障。

特点三：课程安排。此课程共 12 个授课周，每周 3 个课时，包括理论学习和实践服务。

课程的前 3～5 个授课周，学生在课堂上学习理论知识，如中国公益发展状况，所服务群体的特征、生活状况，存在的问题，解决问题的方式，做义工的态度和技巧，等等。

如学生选择脑瘫儿童作为服务学习的群体，老师会在第一节课上向学生介绍脑瘫的致残原因、脑瘫儿童的智力和生理发展状

---

① UIC 全人教育课程的老师均被称为“facilitator”，意指全人教育课程老师的角色是引导者、支持者和陪伴者。

况。上第二节课时，老师会带领学生与脑瘫儿童见面，让学生真切感知脑瘫儿童的生理发展情况；学生向合作机构（珠海市残疾人康复中心）的特殊教育老师学习沟通技巧，了解服务注意事项。之后，老师会布置小组作业，题目分别为：①引导式教育（该机构的教育方式为引导式教育）；②从发展心理学的角度，了解脑瘫儿童的生理发展特点和性格特点，总结与他们沟通的技巧；③从心理学和社会学的角度，了解脑瘫儿童家长的性格特点、精神状态、心理需要；④查找 3 个与脑瘫儿童有关的 NGO。在第三节课上，学生分享小组作业。例如，以题目②“从发展心理学的角度，了解脑瘫儿童生理的发展特点和性格特点，总结与他们沟通的技巧”为作业的学生通过 PPT 展示，介绍了正常儿童不同时期的生理发展特点、脑瘫儿童早期的生理发展特点、脑瘫儿童的性格特点，从而总结出陪伴脑瘫儿童做康复训练和与其沟通的技巧：①对有肢体运动障碍的脑瘫儿童，康复训练时要重复同一个动作；②对注意力分散的脑瘫儿童，要注意保持头向前，眼神有交流；③对语言有障碍的脑瘫儿童，借用其他方式，如肢体动作、绘画等进行沟通；④对生长发育迟缓的脑瘫儿童，鼓励其能自己完成的事尽量自己完成；⑤具体服务时，可采用共情、顺势诱导、体验后果、灵活变通的方式。

这些理论知识与专业的医学知识相比，并没有很强的理论性，但却是学生自主习得的，还可以传授给其他同伴。根据美国视听教育学者戴尔（Edgar Dale）的经验金字塔（Cone of Experience）理论，以口述符号（Verbal Symbols）即语言作为媒介，通常人们只能记住所传播内容的 10% ~20%；而通过对设计性经验（Contrived Experiences）的讲授，人们对所传播内容的理解可达到 70%。因此，在这种教学方式下，学生对知识的掌握和理解要更为深刻，并习得分析问题、设计方案、创新及评估的能力。

第 4 ~10 节课，学生进行社区服务。开展服务前，每个班的学生被分成不同的小组，制订各自小组的服务计划，然后与社区合作机构沟通，修改计划，最终形成可执行的方案。在服务过程中，社区合作机构的领导或有关人员（我们会特邀部分人士担当“社会导师”）会协助和引导学生。在服务结束后，课程导师、社会导师、机构督导会跟学生开现场反思会，分享心得，总结经验。

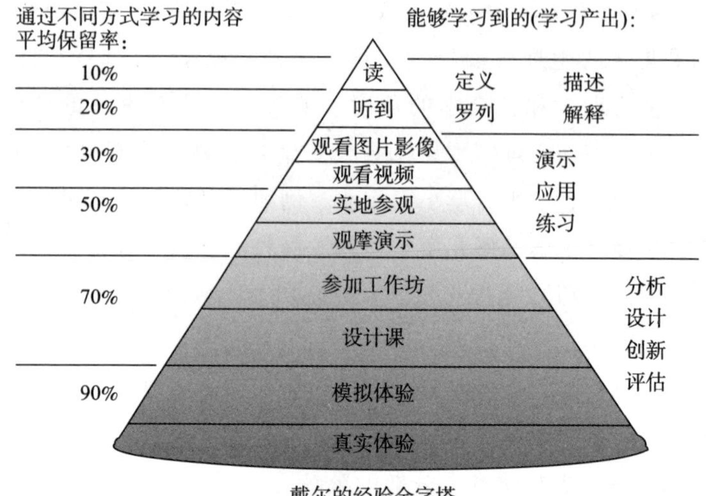

图 1　戴尔的经验金字塔（Edgar Dale's Cone of Experience）

资料来源：Dale，E. 1969. *Audiovisual Methods in Teaching*. NY：Dryden Press。

在第 11 节课上，进行小组内反思，包括对服务学习的过程及其本质的反思。依据项目设计，对服务学习过程的反思，也就是对需求调查、计划制订、服务实施和总结评估的反思；对服务学习本质的反思则是对服务学习的社会价值、义工意义的思考。这种反思可以通过小组讨论的方式开展，也可以通过话剧的形式开展。

在第 12 节课上，学生以演讲的方式进行小组汇报。不同小组的学生汇聚一堂，每个小组有 10 分钟的时间介绍自己的项目并进行反思，然后用 3 分钟的时间回答其他人的提问，学生和老师均可以提问。

特点四：课程评估。UIC 服务学习课程采用“以学习成果为基础的评估方式”（learning outcome based assessment）。

对服务学习课程的评估主要分三个部分：①对学生在课堂及社区服务中的参与和表现进行评估；②通过个人反思文章进行评估；③对小组工作进行评估。每个部分下设子评估项，每个子评估项分五个评估等级：优秀（Excellent）、良好（Good）、合格（Satisfactory）、仅可接受（Marginal）、不可接受（Fail）。对每个等级的判定有详细指引。例如，参与脑瘫儿童服务的学生，其社区服务的参与和表现由机构督导评估。在开展服务前，我们会将如下的评分细则交给机构督导（见表1）。

表1　UIC服务学习课程－儿童服务项目学生社区服务的参与和表现评估模板

<table>
<tr><th>指标
(Criteria)</th><th>优秀4
(Excellent)</th><th>良好3
(Good)</th><th>合格2
(Satisfactory)</th><th>仅可接受1
(Marginal)</th><th>不可接受0
(Fail)</th></tr>
<tr><td>社区服务中的投入
(Engages in the service during community service)</td><td>符合以下5点</td><td>符合以下任意4点</td><td>符合以下任意3点</td><td>符合以下任意2点</td><td>符合一点或不符合任何一点</td></tr>
<tr><td></td><td colspan="5">1）服务前准备充分
Makes proper preparations before the service
2）在服务过程中，真诚对待孩子、家长和老师
Makes a sincere effort to serve the service recipients
3）自始至终都很有耐心
Being patient through most of the service time
4）自始至终都关心、尊重孩子、家长和老师
Respects and cares for the service recipients throughout the service time
5）愿意自我反思，乐于跟别人分享，并听取老师对下次服务的建议
Reflects on oneself, and is willing to share with others in order to plan ahead for the next service</td></tr>
<tr><td rowspan="4">接受评估学生姓名</td><td>优秀4</td><td colspan="4" rowspan="4">机构督导评语：</td></tr>
<tr><td>良好3</td></tr>
<tr><td>合格2</td></tr>
<tr><td>仅可接受1</td></tr>
</table>

机构督导填写此表后，会将评估结果交给课程导师，课程导师会将评估结果反馈给学生。

最终，学生在服务学习课程上的成绩会以 A、B、C、D、F 表示。A、B、C、D 表示学生修完一个全人教育学分，成绩为 F 的学生需要重新选修此课程。

在课程结束后，学生可通过教学评估系统对课程导师进行评价。此外，课程导师会与社区合作机构召开反思总结会，就该学期服务进行评估，并提出之后合作的建议。

三　UIC 在推行服务学习过程中遇到的困难和问题以及应对办法

在六年推行服务学习以独立课程设置的践行中，我们遇到很多困难和问题。这些困难和问题主要表现为以下两个方面。

首先，是服务时间安排上的困难。根据社区需求，学生可提供服务的时间大多在周末，有的甚至在晚上。如果安排在周末，部分学生表示此课程占用了他们太多时间，且也有部分学生在周末有其他课程安排；如果安排在晚上，老师会担心学生的安全问题。此外，UIC 课程时间安排很紧凑，部分服务学习课程的社区服务时间与其他课程安排冲突。由于 UIC 距离社区较远，有的学生在服务结束后有其他课程安排，需要立刻赶回学校；有的在服务开展前刚上完一节课，立即赶来参加服务学习课程的社区服务。这样的课程设置未能给学生留出足够的时间进行休整。另外，有时社区合作机构临时有变动，会导致整个服务学习课程服务时间的更改，重新调整的时间有时会跟学生原有的安排相冲突。

其次是理论学习不足。UIC 的服务学习课程以社区需求为导向，未与专业课程相结合，因此在理论学习方面仅对社会问题进行浅显的分析和探究，不能够深入剖析，较易让学生误将服务学习视为与以前中学阶段所做的义工无异的服务，从而只看重服务量的部分，而较不重视服务的质及服务后的反思和学习。

就服务学习课程社区服务时间安排上的困难，我们跟学校教务处和社区合作机构进行了沟通。例如，建议学校教务处在安排课程时，尽量在服务学习课程前后不要为该班学生安排其他课程，使学生有充足的时间做准备和休息；与社区合作机构在学期初召开筹划会议，确定社区服务时间段，并要求社区合作机构如有时间上的更变，尽量提前告知，这样我们会有充足的时间跟学生沟通，及时做出调整。

另外，有鉴于香港岭南大学服务研习处的运作模式，我们在参加 2012 年中山大学服务学习推广计划工作坊后，就工作坊的内容向学校教学管理委员会提交了报告。在报告中，我们分享了服务学习与专业课程相结合对学生学习成果、教师授课效果的提升；希望能够与通识教育和人文学部沟通，邀请他们尝试服务学习的教学方式。我们作为支持机构，协助专业课程的老师寻找合适的社区合作机构，举办工作坊，等等。

四　对未来推行服务学习的展望

在中国城镇化的过程中，人与环境在互动过程中必然会出现很多社会问题，而这些问题需要政府和不同的社会力量去解决。目前，人们对义工在解决社会问题方面的贡献是肯定的，由此不少“服务学习”、“学习服务”的平台出现了。这些平台提醒我们的课程导师要紧贴社会脉搏，不断学习以最新的教学方法引导和启发学生去发现新知识，从而了解如何结合自己的专业学习所得，做好准备去面对未来人生的挑战，懂得为建设更友爱和公义的社会而贡献自己，实践以服务社会为导向的学习。

学校简介

北京师范大学 - 香港浸会大学联合国际学院（Beijing Normal University-Hong Kong Baptist University United International College），由北京师范大学和香港浸会大学于广东省珠海市携手创立，是首家内地与香港高等教育界合作创办的大学，获得教育部特批。学校秉承全人教育的办学理念，创新性地推行博雅教育、四维教育及国际化办学模式。

科系简介

作为全人教育的承载主体，全人教育办公室（WPEO）成立于2006年7月，其主要工作是在体验式学习方法的基础上开设一个新的全人教育课程，即通过丰富多样的体验式学习来培养学生的性格，与UIC学生的专业课程学习形成互补，帮助学生掌握全面的知识和技能、树立正确的人生态度和价值观，使他们可以将所学知识运用到实际生活中，实现他们的人生目标。

课程简介

“服务学习”课程属于全人教育的体验式课程，学生在大二时选修。该课程目前分4个子课堂，每个子课堂分别关注不同的社群和社会议题/话题，如儿童服务课堂关注残疾儿童的康复和社会参与、孤残儿童的社会认知和融合、社区青少年的课业辅导和家庭陪伴等；长者服务课堂关注社区和敬老院长者的精神陪伴、康体娱乐等；外来务工课堂关注工伤维权、外来务工人员子女教育、新生代外来务工人员的个人发展等；开放性社会议题课堂关注艾滋病预防、因贫致上学困难学生助学、传递校园正能量、风景区交通指引和校园兼职网络平台搭建等。

第七节　服务学习，实践育人

——珠海城市职业技术学院三板小学携幼出游项目综述

一　开展服务学习的目的

高职院校组织开展服务学习，将意志、品德教育和知识、技能教育融入实践活动中，有利于学生在反思中深化课堂学习内容，培养学生的职业核心能力、爱岗敬业的职业道德与良好的合作和团队精神，树立服务社会的人生观；有利于创建温馨、和谐、富有人文关怀精神的校园环境，建设和谐社区，培育合格公民。

二 项目实施背景

珠海城市职业技术学院是由珠海市人民政府举办的全日制普通高等院校，建校伊始，就以“明德、敬业、乐学、善技”作为校训，广大教职员工始终以培养积极服务社会、企业的应用型高技能人才为目标而不断努力，致力于培养学生明辨是非的能力、诚实守信的品质、遵守公德的意识、孝敬父母尊敬长辈的爱心，鼓励学生热爱学习，自我砥砺。2011 年，学院以顺利通过教育部高职院校人才培养工作评估为契机，锐意改革，进一步提升办学水平，迎来学院新一轮大发展。2012 年，学院确定下属二级学院——旅游管理学院——为综合改革试点单位，在校企合作、课程体系、珠澳合作、学生工作四个方面进行试点改革。其中，在学生工作方面，旅游管理学院率先引入源自美国的服务学习理念，借鉴港台地区先进经验，探索开展服务学习。

在践行、推广服务学习的过程中，旅游管理学院院长访学台湾修平科技大学，拜访该校服务学习工作负责人，探讨在高职院校开展服务学习的可行性和具体步骤，获得了宝贵的经验。随后，旅游管理学院成立学生服务发展工作室，由主管学生工作的副院长亲自担任工作室负责人，全体辅导员、班主任为工作室成员，统筹旅游管理学院服务学习工作。工作室成立伊始，工作室全体成员就通过走访华南师范大学、香港岭南大学，参加学校服务学习研讨会，参与香港岭南大学举办的服务研习培训工作坊，积极学习其他高校成熟的服务学习推广模式、经验，并且积极参与香港岭南大学“中国服务研习推广计划”，接受香港岭南大学督导。

三　项目推进情况概述

在吸纳港台高校开展服务学习先进经验的基础之上，学生服务发展工作室根据学院旅游管理专业、酒店管理专业、会展策划与管理专业的服务特色，结合学生经常在校内外从事志愿服务工作的特点，试点开设服务学习选修课，并且积极与周边社区、机构联系，调查社区、机构的需求，多方筹划，成功实施三板小学携幼出游项目。

我们在服务学习选修课里融入三板小学携幼出游项目，为使授课及项目达到预期效果，工作室老师从规划、培训、服务、反思、评估等几个环节入手进行精心准备和部署，逐步推进。

第一，在规划阶段，为更好地保护学生的服务热情，传播服务理念，达到预期效果，老师根据学生平时参加社会志愿服务的情况，限定开设的服务学习课程先由义工队成员选修；学院领导与工作室成员一起组成备课小组，共同讨论、制订教学计划，设计授课内容，探讨授课方式；工作室老师多次联系校外相关社区、机构，确定三板小学作为社区合作机构；组织学生走访、调查社区合作机构——三板小学。

经过与三板小学多次沟通及到校调查、走访得知，三板小学70%以上的就读学生为周边厂区外来务工子女，这些学生的家庭具有外来务工家庭的共性特点：第一，家庭经济基础薄弱，学生家长文化水平低。绝大部分学生家长来自农村，为了家庭生计外出谋生，在珠海各个工厂、企业就业。家长的文化水平不高，很难兼顾子女的教育，也较难满足子女的诉求。第二，家庭较难融入城市生活。由于常年在外工作，家庭流动性大，对家庭的正常生活造成一定的影响，而由于城乡二元结构的客观存在，不少家庭难以融入城市生活。

外来务工家庭的这两个特点导致三板小学很多学生的家长经常需要在厂区加班，甚至周六、周日也很少有时间陪伴自己的孩子，更不用说与孩子一起出游，让孩子进一步了解社会、增长见识了。即使有个别家长能抽出少许时间陪伴孩子，也由于对珠海的历史、著名旅游景点等不熟悉，很难满足孩子外出旅游的愿望。孩子强烈地向往城市精彩的课外生活。

基于此，工作室老师结合讲授的服务学习课程，积极引导学生从自身专业角度出发，设计符合三板小学学生需求的服务学习项目——携幼出游项目，准备带领小学生到珠海有名的旅游景点珠海渔女、农科奇观以及博物馆等地游览，增长见识，开阔视野。

第二，在培训阶段，工作室老师逐步引导学生认识、了解、树立服务学习理念，掌握专业服务技能。在课堂上，老师首先播放《让爱传出去》启蒙电影，组织大家分享观后感。学生纷纷表示有很大收获，懂得了助人的快乐、意义。之后，组织学生观看香港岭南大学服务学习宣传视频，并结合同学们平时常见的志愿服务案例，引导大家讨论志愿服务工作与服务学习的区别。随后，老师再进行服务学习发展历程及高校推广情况介绍，通过这种方式，学生们基本了解了服务学习的概念及相关内容。在课程开展期间，学生还学习了“广东导游基础知识”、“导游业务”、“旅游心理学”等专业课程，“广东导游基础知识”课程让学生熟悉广东各个旅游景点的相关知识，要求学生掌握景点的历史故事、历史渊源；“导游业务”课程则教授学生针对不同游客团的特点，满足游客团的不同旅游诉求，并且能熟练撰写导游词；“旅游心理学”课程教授学生从心理层面去把握游客的情绪变化，并据此做出恰当的旅游安排。通过对这些课程的学习，学生掌握了基本的服务技能。工作室老师还邀请“沟通与交流”课程老师专门对学生进行专题培训，提高学生的沟通能力。此外，工作室老师还介绍了未成年人及大学生医疗保险，帮助学生树立安全防范意识。

第三，在服务阶段，出于安全考虑，活动要求一对一服务，即一名选修服务学习课程的学生带领一名三板小学的小学生参加出游活动。在出游过程中，选修服务学习课程的学生中有人担任专职导游，他们提前踩点，查阅相关旅游景点的资料，拟好导游词，负责整个活动的餐饮安排、游览路线设计等；有人担任卫生员，提前准备好晕车贴、清凉油等物品，以备不时之需；有人担任租车联络员，负责与租车公司及司机联系，确保顺利出游；有人负责出游投保事宜，保证大家安心出游；有人担任游戏设计员，负责在出游间隙组织小学生玩游戏；有人负责全程拍摄，记录出游点滴；其他人担任专职携幼员，负责带好小学生，并在服务过程中解答小学生的疑问。每个学生都按照出游前老师布置的具体工作、任务，各司其职。而老师在出游过程中，则扮演观察者的角色，及时了解、掌握学生的服务情况。

第四，在反思阶段，老师及时组织学生进行总结。在反思会上，每个学生结合自己的工作任务进行详细的汇报，大家既谈了自己的收获（例如，沟通能力提高了，服务意识提升了），也提到了自己的不足：①旅游知识储备不够，不能完全解答小学生的疑问。由于在开展服务前准备不充分，掌握的旅游知识不够，导致在旅游过程中对小学生提出的问题不能完全给予解答。②不熟悉小学生的心理特征。个别学生在引导小学生游览的过程中，以成年人的思维惯性对待小学生，忽略了小学生的旅游心理诉求。③带团经验不足。平时缺乏社会实践，当真正面对团客的时候，容易手足无措，导致服务质量下降。学生们希望以后能在专业知识、社会实践方面有更多的储备和实践。

此外，学生们还表示，以往他们参与志愿服务工作，服务前没有接受专业的培训，服务后也没有组织讨论；此次参与服务学习，既能得到专业培训，也能与其他同学分享，大家畅所欲言，收获很大。而老师作为整个活动的参与者与监控者，也参与了他们的讨论，帮助他们进行梳理，引导他们从为社会服务的角度来分享活动的意义，进而帮助他们达到提升自我的目的。

第五，在评估阶段，老师给三板小学校方、出游学生家长、出游学生等参与者发放问卷进行问卷调查，了解各参与者对本次活动的评价。根据对所回收问卷的统计，三板小学校方觉得此次活动实现了多赢：对参加出游的小学生而言，是一个增长见识、开阔视野的好机会；对参加服务学习的学生而言，是一次接触小学生、了解小学生的机会。校方认为服务学习课程成员的沟通技巧很好，解决问题的能力强，组织能力强，此次活动对小学生产生了很大的影响。学生家长认为，此次活动，参与服务学习的学生、三板小学师生及学生家长之间的沟通很顺畅，对小学生了解珠海的历史、景点有良好的帮助，开阔了孩子们的视野。学生家长们一致认为此次活动做得较好的环节是组织部分。绝大部分小学生都觉得参加此次活动很开心，认识了不少哥哥、姐姐和同学，了解了珠海的景点，希望以后能有更多的机会参与类似的活动。

另外，在项目开展前，为确保学生家长知情及获得他们的支持，参与服务学习的学生到三板小学与参加出游的学生家长见面，讲解此次出游活动的具体情况，解答家长的疑惑。通过宣传和解释，学生家长们纷纷表示支持这项活动，并签署出游同意书。随后，参与服务学习的学生还与小学生进行了面对面的沟通，确定一对一服务的对象。为保证出游安全，参与服务学习的学生还积极开展出游投保工作，给所有出游的师生购买旅游意外险。

四　项目达到的目的与存在的问题

从整体上看，三板小学携幼出游项目能够较为顺利地开展，课程也得以较为顺利地进行，基本达到了以下预期目的。

（1）培养学生的公民意识，增强学生的社会责任感，促使学生参与更多的社会服务。据统计，学生在课程结束后，还组织了阳光书角、藏南地区爱心义捐、社区五点半小学堂等社会服务活动，开展社会调查一次，参与各班级开展的慰问环卫工人、旅游景点安全宣讲、膳食宝塔进社区、探访井岸社会福利中心等活动，共100多人次参与。

（2）推进课程改革，丰富人才培养方案。服务学习有别于普通的义工服务，它要求社区服务与学术课程相结合，满足社区服务需求，促进学生成长。从课程角度突破，践行服务学习是一个新的举措。旅游管理学院于2012年大力推行课程体系改革，并以此为突破口，在人才培养方案中强调要培养学生的服务素质。现已制订富有旅游行业特色的“微笑”人才培养方案，构建了基于工作过程的鸡尾酒课程体系，全面推行“2+1”人才培养模式。服务学习课程的顺利开设，促使全院各专业均开设了服务学习专业选修课，设置2个限选学分，并写入各专业人才培养方案。接下来，其他专业科目将尝试引入服务学习元素，设置服务学习教学环节，引导学生参与社会服务，检验专业知识，提高学生对社会的关注度，增强其社会责任感。

（3）探索育人新途径，构建育人新模式。高校育人，注重学生良好道德情操的培养，增强其社会责任感，提高其技能、素质。新时期的大学生渴望在做中学，喜欢实践，乐于沟通交流，传统的课堂育人模式并不完全符合新时期大学生的特点。借助服务学习，推进大学生公民教育与素质教育，让学生在广阔的社会服务实践中提升自我，增强可持续发展能力，收到良好的育人效果。

（4）传播服务学习理念。据了解，近年来，服务学习理念在内地仅有个别本科院校试点推行，高职院校尚未尝试。我院开展的服务学习，开创了高职院校先例。我院参与香港岭南大学2012~2013年中国服务研习推广计划，并邀请香港岭南大学教师到校进行督导；建立服务学习网站；参与服务学习的学生作为学院代表参加珠海市青年志愿者联合会第二次代表大会；以服务-学习在珠海高职院校的研究与实践为题，申请珠海市教育科研“十二五”规划课题和校级课题；《南方都市报》、《珠海特区报》、金湾电视台等新闻媒体密集报道，引起社会广泛关注，服务学习理念得到初步传播，初具影响力。

但对整个课程、项目进行反思，仍然存在以下几个问题。

（1）师资力量薄弱。由于工作室老师初次接触服务学习，虽然通过参观、培训，对服务学习理念、推广案例有一定的了解，但并没有实际推广经验，特别是缺乏上课经历，而境外高校的教育模式、教学方法、学生特点又与内地高职院校不一样，不能依样画葫芦；校内没有经验丰富的老师给予指导，使工作室老师面临较大的困难。如何上课？怎样才能吸引学生的注意力？理论讲解与社区实践如何合理结合？这些都是摆在工作室老师面前的问题。

（2）社区合作机构缺乏深度参与，没有共同督导学生。由于系首次开展服务学习，经验不足，工作室老师没有与三板小学校方充分沟通，导致校方没有选派专职老师参与服务学习项目，学生缺乏校方的督导，只是单方面由工作室老师进行授课、指导。从严格意义上讲，参与服务学习的学生接受的督导还不够全面。

（3）评价机制不完善。项目结束后，征求三板小学校方、小学生、学生家长的反馈意见，主要是以书面方式进行，问题设计也较为简单，并不能完全了解他们对活动的准确评价；征求参与服务学习的学生的反馈意见，问卷设计基本上也是采用问答方式，主要以定性分析为主，缺乏量化分析，不能对学生参加服务学习课前后的表现以及参加项目后带来的变化进行量化。希望在未来开展服务学习项目时，针对评价机制，能多角度分析学生的表现和成长，增加量化分析，设计前测问卷和后测问卷，鼓励学生写反思日记和反思报告，等等，同时对社区合作机构、指导老师的工作绩效也能进行量化分析。

（4）活动经费较难保证。由于服务学习在我校系初次开展，没有专项经费支持，但在项目开展过程中，参与服务学习的学生需要多次到三板小学走访、调查及进行座谈，自己乘车前往，产生不少交通费用；而在出游过程中，涉及的租车费、餐费、景点门票费、保险费等相关费用，数额较大，学生难以承担，更多的时候是由工作室老师预先垫付。因此，借助香港岭南大学“中国服务研习推广计划”，获取试点资助基金，显得尤为重要。

(5) 社区合作关系不稳定。项目开展过程中，更多的是学校、工作室老师、参与服务学习的学生在付出，对社区合作机构来讲，他们主要是服务的受益者（例如，三板小学携幼出游项目不需要三板小学承担任何费用），较为被动地接受。随着课程的结束，双方的关系并没有得到进一步增进。这主要是因为与社区合作机构缺乏充分交流和探讨，忽略社区合作伙伴在项目设计、培训和实施中的重要作用。建议在以后服务学习项目的开展过程中，深入了解社区合作伙伴的真实需求，加强与社区合作伙伴的沟通，根据实际需要调整活动方案，并鼓励他们成为学生的“共同教育者”，利用其社会领域的专业技巧帮助学生成长、学习。

五　对后续工作的思考

星星之火，可以燎原。尽管目前内地开展服务学习的高校不多，但作为一种先进的育人理念，必定会得到进一步的传播、践行，在促进学生全面发展方面起到导航作用。为更好地推广服务学习，建议可从以下几个方面进行深化拓展。

第一，学校设立专门的服务学习机构，统筹、推广服务学习，配备相关工作人员，落实专项经费。高校服务学习的开展，涉及人才培养方案的修订以及教务、学工、财务、教学院系职能部门，单纯由学生工作处或教学院系某一部门负责，很难协调。建议在学校层面设置专职机构进行统筹，协调各方，对外联系社区、公益机构、企业等单位，同时配备专职人员，配合各教学院系开展服务学习，并加以推广，辅以专项经费，助力推广服务学习。

第二，广泛开展师资培训。开展服务学习，需要对教师进行培训——学习理念、掌握方法、了解推广模式，这样他们在课堂上才能对学生进行引导，师生共进。高校可以组织教师走访内地服务学习开展得较为成熟的高校，也可以向境外高校取经，或者参加工作坊，加入推广计划，接受先行者的督导。

第三，建立稳定的社区、机构合作关系。服务学习强调实践，必须有实践载体才能顺利开展，这就要求高校在践行服务学习的过程中，要通过校企合作、政校合作等方式，甄选一批稳定的合作机构，就双方需求进行沟通，满足教学、实践、服务要求，促进学生成长。例如，酒店专业可以与一些高星级酒店合作，选拔优秀学生赴酒店完成课程见习任务，既可以缓解酒店运营高峰期人手不足的状况，又可以让学生了解酒店一线服务的具体内容，锻炼实践能力；旅游专业可以携手景区景点，分批派遣学生到景区景点开展课程实践活动，在景区景点担任志愿导游，为到访的游客讲解景区景点的历史，同时锤炼自己的专业技能，达到双赢的目的。

第四，深化课程改革，创新教学方式。服务学习可以作为一门课程来开发、建设，各高校可以根据自己的具体情况，以公共选修课的方式开设，也可以以专业选修课的方式开设，甚至以专业必修课的方式开设，设定相应的学分，要求学生研修；服务学习也可以作为一种教学方法运用在任何一门课程上，创新教师教学方式，提高教学质量。例如，在具体的课程上，融入服务学习元素，设计相关的社会实践环节，以课程考核方式，引导学生将自己的专业知识运用于社会服务，检验专业知识，既能完成教学，又能提高学生对社会的关注度。

第五，重视安全问题。服务学习要求在安全有保障的条件下开展，安全是第一要素。这就要求老师、参与者、社区合作机构必须树立安全意识，重视安全防范，做好充分准备，通过风险评估了解活动的危险性，开展安全培训，购买相关保险，降低风险。因此，建议学校、任课老师在开展服务学习初期，活动地点应尽量选择邻近校园的居委会、幼儿园等，或者学生居住的社区，降低活动的危险性。建议设计项目的时候，初期安排一些安全系数高的活动，之后再循序渐进，这样会更稳妥。

我们相信，作为一种育人理念，服务学习一定能在内地高校的沃土上，结出丰硕的果实。让我们共同努力，一起见证！

学校简介

珠海城市职业技术学院是由珠海市人民政府举办的全日制普通高等院校，2004 年 4 月经省人民政府批准成立，并报教育部备案。学院坚持以高职教育为主体，继续教育、终身教育、开放教育为补充，创新政校企、行校企“双三元”互动，产、学、研协同的开放式办学模式，成为构建珠海学习型城市的重要支撑，在协同创新中建成高职特色名校。学院设有经济管理学院、国际合作与交流学院、电子信息工程学院、人文与社会管理学院、旅游管理学院、工业与艺术设计学院、机电工程学院、航空与海洋工程学院、思想政治理论课教学部、公共体育部、成教学院（珠海电大）11 个院部，各类在校生 16000 多人。学院以“明德、敬业、乐学、善技”为校训，重视培养学生思想道德素质，注重提高学生的社会责任感，强调学生要掌握技能，服务社会、关怀他人。

科系简介

旅游管理学院作为珠海城市职业技术学院下属的二级学院，成立于 2012 年，同年被学院确定为综合改革试点单位，在课程体系、珠澳合作、校企合作、学生工作四个方面进行试点改革。旅游管理学院打造“COCKTAIL”（鸡尾酒）式课程体系，积极推进珠港澳旅游教育交流合作，追求校企合作深度与广度。其中在学生工作方面，旅游管理学院率先引入源自美国的服务学习理念，借鉴港台地区先进经验，探索开展服务学习，取得了良好的效果，并作为范式向全院推广。

课程简介

“服务学习”是旅游管理学院专业选修课。课程任务是：学生通过对服务学习理论的掌握和服务实践的锻炼，能基本了解服务学习的来源、发展及在社会中的应用，特别是通过服务实践的锻炼，检验自己的专业知识，提高自己的综合素质能力，增强自己的社会责任感。本课程强调服务实践，注重培养学生在做中学、学中做的能力，帮助学生区分善恶、理解社会、关怀他人，促进学生健康成长。

第八节　基于全校性通识教育核心课程开展的公益学习

——以中山大学“公民社会与公益慈善”课程为例

一　全校性通识教育核心课程计划

1. 中山大学通识教育核心课程计划

从 2009 学年度开始，中山大学有步骤地在全校推行通识教育核心课程计划。新设计的“通识教育核心课程”分“中国文明”、“全球视野”、“科技、经济、社会”和“人文基础与经典阅读”四个大类，这四类课程都要求学生在本科一、二年级完成。2010 年，学校颁布了《中山大学普通本科生修读公共选修课程（通识教育课程）暂行管理办法》，要求全校文理工科全日制普通本科生必须在本科阶段修满通识教育课程 16 个学分（其中，修读通识教育核心课程 12 个学分、通识教育一般课程 4 个学分），并对不同学科学生的学分修读要求做了明确的规定。

本文所探讨的公益学习就是基于中山大学的一门通识教育核心课程——“公民社会与公益慈善”——开展的。

2. 中山大学“公民社会与公益慈善”课程

“公民社会与公益慈善”是由人类学系朱健刚教授开设的课程。该课程作为公选课，于 2005 年首次在中山大学开课，并于 2011 年通过立项成为中山大学通识教育核心课程。学生通过每周 3 课时共 12 周的学习，通过课程考核后可取得相应学分。

“学习—行动—分享”是整个课程的核心理念。在学习中行动，在行动中学习，通过交流分享学习体会，产生思想火花。从 2007 年开始，课程开始引入公益学习教学法，旨在让学生不仅坐在教室里通过听课、讨论的方式来学习，也让学生通过走进社会、服务社区的方式来学习。

课程开始之前，课程团队负责拟订本学期公益学习所涉及的议题并进行分组。选课学生根据个人意愿选择是否参加公益学习以及参与公益学习小组的组别。由于参加公益学习属于自愿行为，所以不参加的学生不会受到批评或被扣分，而参加公益学习并且表现良好的学生，可以在期末总评成绩上得到相应的加分。

根据当下热门社会议题及联系到的社区合作机构，我们确立了本学期的公益学习议题，包括：文化保育、劳工、公益传播、性别与健康、环境、城乡互动与社区支持农业、公益管理调查、公益法律与政策及公益创意。其中，文化保育组的活动得到了香港岭南大学的资金支持，因此在下文中，我们将重点介绍该小组的活动过程及经验。

二　与课程结合的公益学习

中山大学“公民社会与公益慈善”课程的公益学习与课程紧密相联，课程设计者相信，只有将课程及社区服务有机联系，才是真正的公益学习，才能让学生有意识地将理论知识运用到社区服务中，并且将社区服务的经验带到课堂学习中。在多年实践的基础上，我们总结了本课程的经验。

1. 讲师从理论上提高学生的服务能力

课程的主讲教师朱健刚教授是中山大学人类学系的教师。他关注社区及社会组织发展，凭着个人的研究经验及教学经验，经过多年的摸索，开发出一套系统的、有逻辑的教程。整个课程包括 6 个部分，分别为“社会转型与公民社会”、“积极公民和社区营造”、“公益组织与跨界合作”、“公益政策与公益倡导”、“公益政策与公益倡导”和“公益文化与公益生态”。

2. 机构负责人作为课堂分享嘉宾

在教师授课的基础上，课程邀请公益学习接待机构的负责人到课堂上，为学生介绍相关议题（如文化保育）、机构的发展及个人经验。设计这一课程环节的原因有二：第一，机构负责人的分享可以作为一个案例，供师生探讨，让学生运用课堂知识来理解该机构的服务、分析该机构的发展，从而理解中国市民社会的现状。第二，这是将高校资源输送到社区的一种方式。接待机构的负责人通过参与高校课堂的师生讨论，能够得到一些启发，同时也能够了解当下大学生的状态，从而更好地推进该机构项目的发展。

在本学期的课程中，社区机构恩宁路学术关注组作为本课程文化保育组的接待机构，参与了课堂教学活动。在“志愿服务和社区营造”一讲中，来自恩宁路学术关注组的刑晓雯，与该组的学术助教刘烨一起，作为分享嘉宾分享及探讨了他们在恩宁路文化保育的过程中所做的努力。通过分享，学生无论是否参与了公益学习，也无论是否参加了文化保育组，都会对这个议题有更加清楚的认识。而恩宁路学术关注组也可以通过课堂来了解学生，同时，通过这个课程平台可以与更多的人讨论项目面临的挑战，并传播他们的实践经验。

3. 嘉宾讲师帮助学生深化对课堂内容的理解

除了主讲教师及分享嘉宾外，课程还邀请了4位嘉宾讲师来为学生讲课，他们从不同的角度帮助学生深化对课堂内容的理解。例如，我们邀请了香港中文大学的陈健民教授来为学生讲述公民性与公民素质，帮助学生了解个人的公民身份，以及个人在社区中的角色。

4. 与课程考核有机结合的公益学习

课程鼓励学生参加公益学习，但并没有规定所有的学生都必须参加公益学习。

课程的考核方式主要是学生在期末时提交总结报告。所有的学生（无论有没有参加公益学习）都会被同等对待，教师根据学生的总结报告予以评分。而参加了公益学习的学生，我们会邀请机构督导及学术助教针对他们的表现评分，评分标准包括出席小组活动的频率、对小组活动的贡献等。最后，我们会将分数加到总评成绩上。

5. 与课程结合的工作坊

针对学生参加公益学习的需求，课程共举办了四次工作坊。

前两次工作坊面向机构督导及学术助教，之后两次工作坊则面向所有参加公益学习的学生。工作坊的内容多样，主要是通过这一分享和反思的平台让机构督导、学术助教及学生更好地理解公益学习的各要素。

通过这四次工作坊，课程主讲教师有机会与学生进行对话，了解学生的需求及公益学习过程。对主讲教师来说，这是一种有效的反思方式；而对学生来说，通过参加系列工作坊，能和同辈及师长进行交流，体验个人成长，了解团队其他成员，理解公益学习的意义。

三　在实践中学习的公益学习

1. 组织读书会

课程为学生讲解公民社会和公益慈善的理论与社会背景，学生若要进一步了解特定议题，就要通过参加读书会的方式来达到这个目的。课程的学术助教组织读书会，通过读书和讨论，让学生对特定议题有深入了解。

文化保育组组织过三期读书会，主题分别为“建筑规划视角下的文化保育研究学习”、“历史文化视角下的文化保育研究学习”和“行动与抗争视角下的文化保育研究学习”。阅读内容由机构督导及学术助教共同拟定，主要为学术文章及著作，包括郭于华及沈原的《居住的政治》、科特的《国家的视角——那些试图改善人类状况的项目是如何失败的》、叶荫聪的《为当下而怀旧——文化保育的前世今生》等。同时，学生还通过观看纪录片来学习和理解文化保育，观看的纪录片包括《我们家在康乐里》和《铁怒沿线——筚路蓝缕》。

通过机构督导及学术助教的指导，学生对文化保育的议题有了更加深入的了解。在读书会上，学生通过讨论来互相学习，互相启发。在这个平台上，他们能够将在课堂上未来得及思考和讨论的问题进行充分讨论与探索，在机构督导及学术助教的指导下，学生们的讨论更具有专业性和学术性。

2. 参观接待机构

通过参观接待机构及其项目，学生对特定的议题有了更加深入的了解。在恩宁路学术关注组的带领下，学生到广州市恩宁路参观走访。机构督导向学生介绍了恩宁路社区的现状及恩宁路学术关注组的项目。

3. 实践活动

结合理论知识的学习及社区走访，学生开始设计小组实践项目。文化保育组参与筹备“保卫小红楼”活动。针对校园里废弃的几栋小红楼，学生打扫小红楼的卫生，举办“关注小红楼活动”，积极邀请师生到小红楼举办讲座、讨论会、展览等。通过各种形式的活动，学生们唤起了校内师生对小红楼的关注，同时他们也有机会直接与校方对话，说出他们对文化保育的想法。

在这次活动中，学生积极发掘身边的资源，思考个人与校园、社区、社会的关系，在接待机构和学术助教的指导下，采用各种形式在小组议题之下开展活动，效果令人鼓舞。

四　公益学习评估及展望

1. 学生问卷评估

我们运用香港岭南大学开发的服务研习问卷，对学生进行评估。问卷为网络问卷，前测问卷在公益学习前三周开放给学生填答，后测问卷在公益学习结束后三周开放给学生填答。我们共回收了138份前测问卷和83份后测问卷，只保留了既完成了前测问卷也完成了后测问卷的样本，经过筛选，最后保留了160份问卷（80份前测问卷，80份后测问卷）。具体分析见表2。

表2　2013年春季学期学生参加公益学习前后测（1＝最低，10＝最高）

领域	前测			后测		差异	t 值
	均值	标准差		均值	标准差		
沟通能力	6.93	1.61		6.54	1.79	-0.39	1.32

续表

领域	前测		后测		差异	t 值
	均值	标准差	均值	标准差		
组织能力	7.07	1.37	6.9	1.57	-0.17	0.71
社交能力	7.78	1.02	7.49	1.45	-0.29	1.43
解决问题的能力	7.19	1.34	7.08	1.43	-0.11	0.47
研究能力	5.69	2.04	6.37	1.84	0.68	-2.23**
积极态度	8.05	1.32	7.79	1.52	-0.26	1.2
总体满意度	8.89	1.18	8.29	1.76	-0.6	2.7

** 当 p 值小于 0.01 时，前测和后测的结果之间具有显著性差异。

我们从沟通能力、组织能力、社交能力、解决问题的能力、研究能力、积极态度和总体满意度 7 个方面让学生进行前后测的自我评估。通过分析，我们发现，学生参加公益学习之后，除了研究能力外，对自己各方面的评价都下降了。之所以出现这样的结果，很可能是因为学生在参加公益学习之前，对社会的认识还停留在书本学习的阶段，最多就是参加一些公益社团的活动，充当志愿者。而大学生往往对自己的学习和能力都比较有信心，所以在前测问卷上，对自己的评价较高。

但是，通过实地的社区走访，接触社区机构，和社区里的人聊天、做访谈，学生们逐渐意识到自己与社会的联系，甚至个人之于社会是渺小的，部分学生开始对自己的沟通能力、组织能力、社交能力、解决问题的能力产生怀疑。从这一点来看，我们目前的公益学习还有需要改进的空间。首先，我们需要理解，学生从象牙塔走出来，走进社区，会受到一定的震撼，甚至会对自己产生怀疑。而公益学习要做的，不只是将学生从象牙塔中“释放”出来，还要考虑如何引导学生积极地走进社区、认识社区、服务社区。只有当学生真正地融入社区，并在服务社区的过程中认识自我、提升自我，才能让他们认识到个人与社会的联系，理解个人对社会的责任。这也就是我们所说的公民意识的培养，是今后公益学习改进的方向。

当然，我们不能忽视，学生在参加公益学习后，对自己研究能力的评价有提升。经过 t 检验后，我们认为，公益学习对学生研究能力的提升具有显著作用。学生确实是通过公益学习提高了研究能力。

2. 学生总结反馈

课程结束后，每位学生都提交了总结报告。通过分析学生的总结报告我们发现，学生对公益学习相关议题有了更加深入的了解，并通过实践形成了个人的理解和看法。例如，学生在总结报告中提到“恩宁路的主要问题还是拆迁问题，由于赔偿不尽如人意，当地的一些居民与政府对抗”，“我思考文化保育的必要性，在文化保育的过程中，不仅仅要注重文化保育，更要注重在这个社区中生活的人的切身感受”，“文化保育运动不仅仅是不让政府拆楼这么简单的事而已，它还涉及城市规划、建筑物保护、资金来源、居民安置等实际问题，这些问题彼此密切联系，牵一发而动全身，要想保住文化，就得解答上述的问题。所以光靠古玩爱好者的心态肯定不够，还需要有周全的考虑和专业的分析，适当的动员、组织和宣传技巧在文化保育运动中也不可缺少，在这里将充满民间与开发商、政府之间的博弈，困难重重而扣人心弦”。可见，学生通过课堂学习和读书会的讨论，对文化保育的议题有了更深入的了解和思考。

同时，在公益学习的过程中，学生通过讨论学习和服务实践，提高了自身的能力。学生在总结报告中提到“在小组学习的过程中，提高了自己的观察能力及解决分析问题的能力，让我用更专业的视角去看待每一个存在的问题，并通过专业学习和课外阅读去提出解决方案”，“在文化保育组的几次交流会上，我观看了很多其他地区开展文化保育运动的视频，开阔了我的视野，同时也促进我去思考更多关于文化保育的问题，思考城市与人的问题。也许暂时无法想到解决办法，但是也锻炼了我的思维”。

通过公益学习这一平台，学生得以走进社区、接触社区的人群，发现自己与社会的联系，培养学生的社会责任感。学生在总结报告中提到“我们要做的就是及时向社会大众传递信息，团结各种力量，各尽己责，把这个社会创建得更加和谐”，“我由对 NGO、对文化保育完全不了解，到现在能够置身其中，渐渐形成自己的看法，觉得这对于我来说是一次思想启蒙。同时，由旁观者到当局者，由沉默着的大多数到积极公民，其实是思想的升华”。

也正因为公益学习让学生的视野更加开阔、眼界更高、经验更丰富，学生会倾向于采用这种学习方式——“我个人感觉参加小组活动得到的收获比在课堂上得到的要多。主要有三方面原因：第一就是形式比较随意……第二就是小组活动探讨议题会比较深入……最后一个原因就是可以认识许多‘有故事’的人……”

从学生的总结报告中我们可以看出，通过一个学期的公益学习，学生的理论知识得以增长，能力得到提高。通过一个学期的实践活动，他们对社会的态度发生了转变，并且逐渐感受到个人与社会的联结。这也正是公益学习的目的所在。

五　结语和展望

在本学期的公益学习中，我们加强了与社区机构的联系。在社区机构的指导下，学生的社区服务做得更有专业性，对学生来说也更具有挑战性。同时，从学生的反馈中我们也看到了疑惑和批评。因此，我们会在以往的基础上，继续改进公益学习。

1. 公益学习必须结合专业、基于课程开展

从社区合作机构的反馈中我们不难发现，公益学习不同于社区服务等简单服务。单纯的志愿服务只是招募志愿者完成某项社区服务工作，比如交通疏导、社区治安维护等。而公益学习则强调学习与实践相结合的过程，是一个学生有意识地运用专业知识的过程。因此，学生该如何运用专业知识来进行服务，课程设计者怎样更好地将专业和服务结合起来，是我们接下来要继续探索的问题。

首先，我们会继续邀请社区机构的负责人到课堂上进行案例分享，让学生通过与机构负责人对话来认识相关机构的服务及所在社区的现状，并进一步了解相关议题在广州的发展状况。

其次，我们会根据学生和接待机构的需求，举办更有针对性的工作坊，内容包括公众演讲、写作、项目设计等，以提高学生的能力，使学生能将这些知识和能力运用到社区服务中，真正践行“有意义的服务”。

2. 公益学习是反馈社区的过程

公益学习不仅是学生的学习过程，也是社区反馈的过程。因此，我们不仅要关心学生的收获和成长，也要关心社区能否从学生的服务中受益。公益学习不仅是一个把学生送到社区开展服务的过程，也是一个将高校资源输送到社区的过程，以达到联结学术和社区的目的。在此过程中，学生需要带着自身的专业视角参与社区服务。而在“公民社会与公益慈善”这门课程中，学生需要掌握公民社会与公益慈善的相关理论知识，同时需要通过读书会来了解相关议题的具体内容，在课程讲师、机构督导及学术助教的指导下，到社区进行服务实践。

在实践完成之后，学生需要撰写总结报告，将在社区的服务经验和调研结果反馈到总结分享会上，进行师生对话和交流。我们希望学生在听取各方意见和吸取各方经验后，能将研究和服务的成果运用到服务社区发展中。

3. 学习其他高校的公益学习模式

中山大学是国内较早开展公益学习的高校之一，经过 6 年的实践，积累了不少经验。这些经验具有普遍性，我们需要向其他高校推广我们的经验，同时也要向其他高校学习，吸取他们的经验；这些经验也具有特殊性，因此我们需要继续探索适用于我们课堂的、具有课程特色的公益学习模式。

院系简介

中山大学人类学系的学术传统可以追溯到国立中山大学语言历史学研究所。该所于 1927 年 8 月筹办（傅斯年任筹备主任），1931 年改名文史研究所、文科研究所。1981 年，中山大学在全国率先复办人类学系，同年，人类学系获博士授予权（国家首批博士点单位），社会学系获硕士授予权。人类学系成为国内人类学界唯一具有博士、硕士、学士三个教育层次的办学单位。

中山大学中国公益慈善研究院（以下简称研究院）是2011年4月1日经中山大学批准正式成立的一级非营利性研究机构。研究院立足慈善事业相对发达的珠三角地区，开展公益慈善研究。我们的愿景是通过行动导向的研究，推动公益创新，建设多元、公正、可持续的美好社会；我们的使命是通过研究、教学及参与政策创新，成为具有世界影响力的公益智库。

课程简介

“公民社会与公益慈善”是中山大学的通识教育核心课程。公民公益是本课程的核心概念，通过对这一概念的相关理论和实证案例的分析，本课程期待能够鼓励学生去认识和了解公民社会和公益慈善。具体来说，这门课力图使学生认识公民性、公民美德和公民社会组织；反思公益慈善领域的相关议题；学习开展公益行动的相关策略、心态和领导力；认识国家、市场和公民社会之间的关系以及它们如何形成跨界合作，解决社会问题。

第九节　开创先锋，形式多样

——香港岭南大学服务研习计划的探讨

一　香港岭南大学服务研习计划的背景

香港岭南大学是香港唯一一所博雅教育学府，历史悠久、学贯中西。以“作育英才，服务社会”为办学使命，秉持全人教育的全方位发展方针，一直致力于培养学生的公民意识、洞察力，并传授给他们知识、技能，使他们毕业后能在瞬息万变的社会、文化及经济环境中，追求自己的目标，学会思考、判断、关怀及承担。香港岭南大学的教学目标，并不只是培育学者，而是孕育懂得“取诸社会，用诸社会”的未来栋梁。服务研习提倡的将理论学习与社区服务相结合的概念充分体现了博雅教育的教学理念以及“作育英才，服务社会”的校训。透过积极参与社会服务，学生得以学以致用，将知识及技能应用于现实生活，深化对知识的理解，让他们见证自己的成长和取得的成就。在此过程中，学生树立起社会责任感，认识社会各阶层的面貌，提升自己的组织能力、管理技巧、沟通技巧等。

2004~2005年，在群芳慈善基金会的大力资助下，岭南大学推行服务研习试点计划，为日后全面推行服务研习打下了坚实的基础。在社区及大学的响应下，于2006年设立服务研习处，致力于把服务研习概念融入本地博雅学府的课程中，成功地开展了一系列本地及国际服务研习计划。服务研习处为学生提供实践理论的机会，在课程导师和机构代表的指导下，培养学生积极正面的态度，传授实务工作的技能，始终坚持以下四大使命：①实践岭南大学的校训——“作育英才，服务社会”；②开展学习与社区服务互惠的活动；③为学生提供全人发展的学习环境；④透过服务研习的实践，提高学与教的效能和质素。虽然服务研习的概念首创于西方国家，但其中心思想与中国传统的儒家思想高度一致。因此，“仁、义、礼、智、信”作为儒家思想的核心以及社会规范和个人操守的典范，也成为岭南大学服务研习处的核心价值。岭南大学注重学生的全人发展，透过实施不同的服务研习计划，实践上述核心价值，并借此影响学生。

二　岭南模式：服务研习计划的特色

（一）四大模式

岭南大学服务研习相关课程及活动都由服务研习处直接统筹。服务研习处主要负责调查社区需求、组织学生培训、开展反思活动以及协调大学专业学科与社区服务机构之间的合作，确保计划的质量及学生的学习成效。目前，岭南大学的服务研习计划主要围绕四大模式开展，现分别介绍如下。

1. 模式一：融入既有学科

此模式将服务研习融入既有的专业学科，将专业课程的理论及内容应用于服务研习计划，学生参加此种作为专业课程一部分的服务研习，既可以获得相应学分，又可以通过实践应用加深对理论知识的理解。此种类型是岭南模式服务研习的核心部分，已经成功地在全校推广。目前，岭南大学的所有学院（人文学院、社会科学院及商学院）中已有 14 个学系（全校总共有 16 个学系）提供与服务研习相结合的专业课程。

2. 模式二：跨学科合作

此模式强调服务研习跨领域、跨学科的特色，由不同学科及服务研习处的课程导师共同教授有学分的课程。参加此类课程的学生可以通过服务研习处课程导师了解社区服务的技能，通过课程导师学习专业理论知识，将两者结合后运用于自己的实践项目。该模式消除了单一学科对服务研习的局限性，使得师生可以从不同角度更加全面地探究并改善社会问题。此模式对各部门间的统筹协调工作要求更高。

3. 模式三：独立成科

此模式是根据服务研习理念设计有学分的独立课程。课程将服务研习完全融入教学，为学生提供本地及海外的服务研习机会，让学生从活动中认识社会结构、政策、福利等议题，从而增强学生的公民意识、社会责任感及发现并解决问题的能力。

4. 模式四：海外机构提供的服务研习

此模式是对海外院校/机构提供的服务研习项目的认可。如果学生在海外学习、实习期间参加与服务研习相关的项目和课程，可以在岭南大学得到相应的转换学分。对多样化国际性服务研习经验的认可和肯定既能提高学生的参与积极性，又能加强海内外院校就服务研习模式进行分享和交流，从而达到取长补短、共同进步的目的。

岭南大学服务研习计划四大模式都强调教与学的结合。每一个计划都遵循标准的步骤及原则，包括系统的筹划、准备、培训、实施、反思及总结，把理论知识与社区服务紧密相联，将服务研习这种先进的教学方法与简单的志愿者活动区分开来。学生通过参加培训、反思、汇报等活动及与社区服务机构的交流与合作，能够获得多样化的学习经验，全方位地锻炼自己的能力。在课程导师的精心设计下，这些计划与课程目标紧密相联，也有相对应的评估方式对课程成效及学生的学习成果进行及时的测评。2006～2014学年，岭南大学共有超过3600名学生选修有学分的服务研习课程，平均每年至少有400名学生选修。

以下将简单介绍岭南大学服务研习计划的参与者、实施过程及评估设计，以供其他有兴趣开展服务研习的高校参考。

（二）参与者

岭南大学服务研习计划有四个参与者，分别是课程导师、课程统筹员、社区服务机构的督导员及学生。每个参与者在准备、实施和评估过程中都有不同的任务（如表3所示）。

表3　服务研习计划各参与者的职责与任务

参与者	主要职责	工作和任务
课程导师	课程导师的主要职责是与课程统筹员和社区服务机构建立紧密的合作关系，提出建议和举办切合需要的培训工作坊，并满足学生学习上的需要。课程导师需要为学生持续创造学习机会，给予学生务实的建议，以及评估学生的整体表现	1. 调整课程（导修课或大课）以切合服务研习计划（附上以此模式运作的课程大纲以供参考） 2. 识别及联络有机会合作的社区服务机构，并准备有关机构需要学生担当的任务的清单 3. 为有意参与服务研习的学生拟订一份简单的实施指引（比如导修课的指引） 4. 把服务研习计划融入课程纲要 5. 为服务研习计划设定参加人数限额 6. 在第一次上课时，告知学生可选择服务研习计划，并由他们自行决定是否参加。在第一或第二个星期内，为学生安排另一次导向会及至少让他们参观一家社区服务机构，让他们知道实际负责的事情 7. 确定实习课的清单，并安排4～5名学生组成实习小组，做实习前的准备 8. 监督学生的表现 9. 评估：自我反思的评估文章、小组报告和汇报 10. 填写评估计划的问卷

续表

参与者	主要职责	工作和任务
学生	学生的主要职责是在社区服务机构督导员和课程导师的指导下在社区服务机构提供服务。学生需要在实施服务研习计划的过程中运用学科知识，按照社区服务机构的一般惯例，尊重服务接受者的隐私和个人数据，参加所有指定的培训工作坊、导修课和反思会议，并提交所有的评估文件	1. 参与实习前的工作坊 2. 参与实习课 3. 评估：日志、自我反思的评估文章和小组报告 4. 计划评估：问卷调查、专题小组和汇报
社区服务机构督导员	社区服务机构督导员的主要职责是为学生提供适当的服务研习机会。督导员需要根据学生的学习需要提供合适的实习机会和专业指导，他们需要与课程统筹员和课程导师建立紧密的合作关系，督导服务研习的质量并评估学生的整体表现	1. 督导实习课 2. 评核：评核表格 3. 计划评估：问卷调查以及深入面谈
课程统筹员	课程统筹员的主要职责是协调各单位，讲解服务研习的运作。课程统筹员需要负责服务研习计划的规划、联系、协调，并评估服务研习计划的成效和结果。他们需要与不同的合作单位保持联系，负责招收学生，处理出席记录和评估学生的表现。如参与服务研习计划的学生较少	1. 协调各单位，使各单位清楚地了解自己的角色（如有需要，可提供培训） 2. 问卷调查及深入面谈

（三）实施过程

岭南大学服务研习计划的实施过程包括四个主要的阶段：筹备阶段、培训阶段、实习阶段和评估阶段。这四个阶段环环相扣，关系紧密。表4是服务研习计划的实施过程。

表 4 服务研习计划的实施过程

主要阶段	具体项目	参与者
筹备阶段	1. 识别对计划有兴趣的课程导师和社区服务机构	课程导师、课程统筹员和机构督导
	2. 将服务研习计划融入课程，为学生准备服务研习计划的纲要；为所有的参与者修改前测和后测调查问卷（可选）	课程导师和课程统筹员
	3. 第一次课：简介并招收学生。学生在学期第一周内需做出初步决定并至少参观一家社区服务机构；学期的第二周：确定最终参加服务研习计划的学生名单和实习小组名单	课程导师和学生
	4. 所有参与者须填写前测问卷（可选）	课程导师和课程统筹员
培训阶段	5. 为学生安排社区服务机构实地导向会，帮助学生熟悉服务机构的背景以及与课程统筹员会面	课程导师/课程统筹员
	6. 举办培训工作坊，使学生掌握适当的技巧。如有需要，为学生组织专题培训工作坊，帮助他们完成实习课的任务	课程导师/机构督导
	7. 为学生举办有关实习课和活动计划书的咨询会。讨论活动的可行性，而活动需配合课程概念和理论	课程导师、机构督导和学生
实习阶段	8. 开设实习课 学生开展社区服务实习，主要形式包括一对一的工作（例如，采访及家庭探访）、小组活动（例如，学生组织小组活动与服务对象进行互动）、社区项目（例如，学生举办大型活动，如展览和研讨会）、间接服务（例如，帮助社会企业制定宣传及发展策略，使其更好地服务社会）	课程导师、课程统筹员、机构督导和学生
	9. 实习课中的反思会；咨询会/导修课反思	课程导师、课程统筹员和学生
评估阶段	10. 实习课结束；课堂报告/汇报分享典礼	课程导师、课程统筹员和学生
	11. 后测评估（调查问卷、自我评估报告和所有参与者的评估报告），与社区服务机构进行深入面谈	课程导师、课程统筹员、机构督导和学生

续表

主要阶段	具体项目	负责单位/人
评估阶段	12. 学生的专题小组（可选）	课程统筹员和学生
	13. 实习小组报告，个人自我反思文章	学生
	14. 由学生汇报分享服务研习计划成果的座谈会	课程导师和学生
	15. 闭幕典礼（可选）	课程统筹员

（四）评估设计

为了评估服务研习计划学与教的成效，所有参与者需要完成特定的评估任务（见表5）。

表5　服务研习计划各参与者的评估任务及任务介绍

参与者	评估任务	任务介绍
学生	• 前、后测问卷 • 日志 • 实习小组报告 • 反思文章/自我评估报告 • 专题小组	为了评估学生在参加服务研习计划期间的学习效果，学生需填写前测及后测问卷 这些问卷评估学生的学科相关知识、沟通技巧、组织能力、问题解决技巧、研究技巧、公民意识以及社交能力 其他的评估方法包括日志、实习小组报告、反思文章/自我评估报告。日志用于了解学生如何组织他们的实习课程，了解他们的感受、想法以及在实习课程中的学习情况。实习小组报告用于评估学生在实际情况下运用知识、确定服务对象的需求和筹划项目的能力。反思文章是学生对每个工作项目的整体评估，有助于了解学生融合所学和实践方面的能力。自我评估报告可以评估学生的学习经历、表现、强项与弱项 在每个学期末，可安排选择性的专题小组，各单位可分享他们的教学、指导以及实习课的经验
课程导师	• 总结问卷 • 深入面谈 • 专题小组（可选）	课程导师就学生的服务研习计划书和报告给予分数，针对不足提出改善方法。对选修服务研习课程的学生来说，课程导师通过他们的学习态度、实践能力、获取知识的情况、综合理论与实践的情况及期中和期末的评核以评估他们服务研习的表现 课程导师可在课程结束时通过填写总结问卷、开展深入面谈或专题小组活动等形式，评估学生在参加服务研习计划期间的学习效果

续表

参与者	评估任务	任务介绍
社区服务机构督导员	• 总结问卷 • 深入面谈 (可选)	社区服务机构督导员监督学生，并在实习课程中根据他们的专长和经历给予学生实地指导。由于他们协调及实地监督实习服务，故能够就学生的出勤情况、工作态度和责任感评估学生。在实习课结束时，需要填写总结问卷以评估学生的学习效果 另外，需要进行深入面谈以评估学生在实习课上的表现和学习效果，以及在准备、协调和执行方面针对学生的不足提出改善建议
课程统筹员	• 收集意见 • 总结问卷 • 专题小组 • 反思会议 (可选)	课程统筹员协助课程导师评估学生在服务研习中的表现，包括学生撰写的服务研习计划书、实习小组报告、反思文章和日志；另外，他们还收集社区服务机构督导员和课程导师的意见和反映 课程统筹员需填写总结问卷或开展专题小组活动，就筹备、执行情况以及学生在项目开展过程中的表现、学生学习的效率、对社区的影响做出评估 另外，还应安排反思会议以促进学生在实习课上的学习

三　岭南大学服务研习计划的成果

岭南模式的服务研习在2014年成功迈入第8个年头。在过去短短的7年间，我们把握每一个开展服务研习计划的机会，拓展人脉以凝聚本地及海外合作伙伴的力量，制订对学生、大学及社区具影响力的服务研习计划，取得了丰硕的成果。

服务研习在岭南大学发展迅速，项目及课程形式日益多样，参与人数逐年增加，也得到了越来越多的老师和学生的关注与支持。长期以来，我们密切关注服务研习促进学生学习与提升其技能的有效性，主要包括7大范畴：学科相关知识、沟通技巧、组织能力、社交能力、解决问题的技巧、研究技巧及公民取向。①对

① Chan, C. M. A., Lee, W. K. M., & Ma, H. K. C. 2009. Service-Learning Model at Lingnan University: Development Strategies and Outcome Assessment. *Hong Kong: New Horizons in Education*, 57 (3), 57 - 73.

前、后测问卷的研究表明，参加服务研习计划的学生在各个范畴的自我评分均很高，效果令人鼓舞（见表6）。

表6 2006～2013学年度参加服务研习计划学生的学习成果——前、后测问卷对比（本地有学分的服务研习课程）

单位：人，%

范畴	人数	前测		后测		改善比率	p 值*
		平均值	标准差	平均值	标准差		
学科相关知识	2268	6.29	1.59	7.15	2.40	13.65	0.00
沟通技巧	2272	6.43	1.33	6.78	1.33	5.47	0.00
组织能力	2272	6.67	1.32	7.14	1.26	7.03	0.00
社交能力	2272	6.74	1.35	7.36	1.20	9.20	0.00
解决问题的技巧	2272	6.61	1.28	7.19	1.19	8.84	0.00
研究技巧	2272	6.06	1.48	6.76	1.44	11.55	0.00

* 当 p 值小于0.05时，前测及后测的结果之间具有显著性差异。

注：因为“公民取向”在2011年才被加入学生学习成果的测评范畴，所以此表没有显示相关结果。

校内参加服务研习计划的学生由2006年的284人增加到2013年的707人。在2012～2013学年，岭南大学已经成功开展29门结合服务研习元素的课程以及5个大型的本地及海外服务研习计划，707名学生服务社区的人次超过9400人次，服务时数累计超过31600小时。[①]自2016～2017学年起，参与服务研习会成为岭南大学的毕业要求之一，所有学生必须在大学期间至少参加一门服务研习课程才能顺利毕业。可见，服务研习俨然已经成为岭南大学的标志及教育重点之一。在岭南大学成功推行这种先进的教学法后，香港其他大学积极响应，陆续开始尝试开展服务研习。如今，香港多所高等院校均在大力推行服务研习。自2007年岭南大学举办第一届“亚太地区服务研习会议”起，多所香港高等院校齐集讨论服务研习在本地的发展和机遇。于是，岭南大学服务研习处组织建立了高等教育服务研习网络（Higher Education Service-Learn-

① 岭南大学服务研习处：《岭南大学服务研习处2012～2013年报：联系社会，融入生活》，香港：岭南大学服务研习处。

ing Network，简称 HESLN），参与院校包括香港大学、香港中文大学、岭南大学、香港科技大学、香港城市大学、香港教育学院、香港树仁大学、香港理工大学、香港浸会大学、香港专业进修学校。HESLN 作为共享服务研习经验及资源的平台，促进院校间互相支持，并实施伙伴研究计划。研究成果包括成功制定“通用学习成果指标”（Common Outcome Measurement），统一量度各院校学生参加服务研习课程/项目的学习成果，向大学教育资助委员会争取将服务研习作为香港高等教育界的重要教育方针。

不仅限于香港本地，岭南大学也是“亚洲服务研习网络”（Service-Learning Asia Network，简称 SLAN）的成员之一。该网络的成员来自 8 个国家和地区的 11 所高校，致力于促进地区性协作，推动服务研习在亚洲的发展。由于岭南大学在亚洲地区服务研习的开展和推广中起到领袖模范作用，因而被选为该网络的秘书处。岭南大学除了促进亚太地区已开展服务研习的高校之间的分享和交流外，近年来更是积极将服务研习的理念传到内地。于 2012 ~ 2013 年组织实施中国服务研习推广计划，为 6 所内地高校提供资助和培训，协助他们成功地完成服务研习试点项目，好评如潮。

以下是三个与课程结合的服务研习计划的案例，分别来自岭南大学的三大学院：商学院、社会科学院及文学院。

案例一　惜食·识福

课程	BUS301 策略管理
课程导师	陈婷婷教授（管理学系，助理教授）
服务机构	民社服务中心
服务研习计划	食物回收策略发展计划
学生任务	对该计划进行深度调研，并详尽地分析该计划的策略环境 • 基于调研的结果，分析该计划面临的策略性问题 • 提出可行的策略性建议，以改善该计划的运作及推动其可持续发展 • 提出具体的、可操作的策略实施方案
受访人士	方颖玲小姐（民社服务中心，项目经理） 廖家强先生（民社服务中心，项目统筹）

1. 从厨余到粮食

根据环境保护署的数据，现时香港每天产生约3600吨厨余，[①]相当于200辆双层巴士的重量！虽然该署已有计划把厨余回收，转化成有用资源，但每天能处理的厨余只有约200吨，远不及所产生的数量。其实，源头减废是减少厨余的最基本且最有效的方法。针对街市和食物连锁店弃置剩食的情况，民社服务中心（以下简称“民社”）于2011年开展了“粮友行动”服务。透过回收食物，并分发给有需要的人士，既减少食物的浪费，又能舒缓低收入家庭的生活压力，一举两得！

2. 助人、自助

谈到“粮友行动”的服务理念，方颖玲小姐表示机构希望在分发食物的过程中，建立受助者间互助的邻舍网络。“食物回收只是接触居民的介入点，我们的长远目的是发挥受助者的力量，于社区形成网络，达致助人自助。”方小姐强调服务不应是单向的施与，因此，现时“民社”亦在物色有能力的受助长者成为义工，协助维系区内关系，进一步将计划推广至其他社区人士，让更多有需要的人得到帮助。

3. 关关难关，关关过

纵使抱有助人的理念，但作为小型社区服务机构，“民社”面对的困难远比我们想象的多。计划实施初期，由资源不足到遭受商户的白眼，“民社”处处碰壁，前路茫茫。经多番努力，“民社”终于在深水埗站稳阵脚。为了让更多的人士受惠，他们将服务积极拓展至不同地区，而屯门是其中之一。拓展服务范围并不容易，特别是商户总认为收集和分发剩食的举动影响到他们的利益。幸好，这次与岭南大学的同学合作，让“民社”顺利地与屯门区商户建立互信的关系。方小姐忆述同学透过考察和问卷调查，增进“民社”与商户之间的了解，为促成区内合作奠下了稳

---

① HKSAR Environmental Protection Department. 2014. Problems & Solutions, Food Waste Recycling Partnership Scheme, Retrieved from: http://www.epd.gov.hk/epd/english/environmentinhk/waste/prob_ solutions/owt_ food.html.

固的基础。

4. 推动，由青年开始

与岭南大学的合作不但使“民社”成功地在屯门区街市建立了回收网络，也增进了同学对社企和食物回收的认识。其中一组同学更协助“民社”与岭南大学饭堂的承办商接触，共同研究未来的回收方向，这无疑为“民社”日后在大专学界举办宣传活动打下了基础。作为社会未来的主人翁，大学生的确需要多关心社会，尽己所能，让社会资源生生不息地传承下去，建构一个可持续发展的城市。现在就立即行动，一起推动食物回收策略发展计划在香港发展吧！

案例二　安老护理，青年起航

课程	SOC333 健康、疾病与行为
课程导师	陈章明教授（社会学及社会政策系，社会老年学讲座教授） 马学嘉博士（社会学及社会政策系，兼任助理教授）
服务机构	圆玄学院社会服务部
服务研习计划	青年安老服务起航计划
学生任务	设计一份问卷以评估“青年安老服务起航计划”的成效，并了解成员参加计划的原因；到圆玄学院访问参与此次计划的学员
受访人士	马学嘉博士（社会学及社会政策系，兼任助理教授） 姚文翰同学〔社会科学院（当代社会问题与政策研究），三年级〕

1. 关怀老人，由青年起航

据政府推算，到2030年，香港每四人中就有一位是65岁以上的长者，[①]社会正步入老年化阶段。俗语“家有一老，如有一宝”，但现时香港有7%的长者因各种原因而入住安老院舍，较全球平均数字4.4%为高！[②]可见，香港的长者医疗服务正面临很大的挑战，特别是护理安老行业。他们除了要面对需求的大幅增长

① 香港特别行政区政府统计处：《香港人口推算 2012 - 2041》，http://www.statistics.gov.hk/pub/B1120015052012XXXXB0100.pdf，2012。

② 梁万福：《香港安老院舍服务需求》，“香港安老院舍服务发展方向”研讨会，http://www.povertyrelief.gov.hk/pdf/speech20130430.pdf，2013年4月30日。

外，更需要解决护理员青黄不接的问题。有鉴于此，圆玄学院社会服务部与香港公开大学联合开展“青年安老服务起航计划”，鼓励青年投身护理安老行业，期望既纾缓人手短缺的问题，亦能提高服务质素。

为了检视计划的成效，并吸引更多的青年参加，岭南大学同学协助圆玄学院进行问卷调查，收集学员的意见。访问过程加深了参与同学对护理安老行业的了解，其中姚文翰同学就尝试把从课堂上所学到的知识与体会相结合。他认为，“要吸引青少年投身护理安老行业，除了工资，其他配套及对护理员的支持也十分重要，有关单位应多强调从事护理员（工作）所得到的满足感，吸引有志人士加入”。

2. 从心出发

香港的医疗系统现时可分为三层，基层医疗是市民在医疗系统中的首个接触点，提供了直接获得、全面、持续、协调和以人为本的护理。[①]作为基层医疗之一的长者日常护理，本应提供最基本的服务，但近年护理行业人手短缺，令人担心服务质素未达标准，导致长者无法得到具尊严的晚年生活。由于预见人口老化将会加剧目前的状况，马学嘉博士决定把护理这个主题带入课堂，鼓励同学思考护理安老行业未来的发展方向。她认为，“护理安老行业是基层医疗很重要的一环，与本专业更是息息相关。若安老院舍严重缺乏具专业资格的护理员，会对整个医疗系统造成很大的负担。我们希望同学能透过研究护理安老行业，明白整个医疗制度的运作，对健康、疾病与行为等议题有更深入的认识”。

3. 尊重，珍惜

长者对社会有很大的贡献，当他们因年龄渐长而退下一线时，社会应给予他们更多的支持，让他们在合适的、喜欢的地方安享晚年，走完圆满的人生。香港人口老化已经是铁一般的事

---

① 香港特别行政区政府卫生署：《基层医疗指南》，http：//www. pcdirectory. gov. hk/tc_ chi/welcome/welcome. html，2014。

实，倘若我们能秉承“老吾老以及人之老”的精神，关怀和照顾身边的长者，或许我们亦能尽一己之力，一同减轻安老服务的负担。

您家中也有一个“宝”吗？若有，请好好珍惜。

案例三　我手讲我心——聋健共融，携手共建和谐社会

课程	TRA108/GEC364/CLE9008 双语网络文化
课程导师	陈美红教授（翻译系，助理教授）
服务机构	香港聋人协进会
服务研习计划	一对一聋人子女补习计划
学生任务	协助6名路德会启聋学校的聋童提高英语水平；为聋童举办一次文化或教育活动
受访人士	张莫愁小姐（香港聋人协进会，项目干事） 林霭颖同学（文学院，一年级）

1. 手语，也是语言

试数一数，您会多少种语言？手语，会是其中之一吗？您会视之为技能还是语言呢？对聋人来说，手语是他们的母语，让他们表达自己，与人沟通，就与我们把话说出口无异。不幸的是，世界各地均有不少聋人正遭受歧视，令他们难以向健听人士打开心扉。为促进聋健共融，修读“双语网络文化”的学生除了为香港聋人协进会翻译网站信息外，还为聋童举办补习班及参观香港科学馆活动，从不同方面协助他们融入社会。

2. 用心感受，更知童心

由于欠缺与聋童相处的经验，参与服务的同学一开始均有不少忧虑，不知如何与他们相处，于是同学准备了一些破冰的游戏与他们先建立感情。孩子的活泼与其亲人的热情，令同学感动万分。林霭颖同学忆述：“在我们眼中可能只是小事，但对聋童而言，这些活动有助于他们接触，甚至融入社会，效果远比我们想象的大。”两个月的相处，让岭南大学的同学发现聋童与健听儿童并无太大区别。只要您有耐性，用心聆听，他们同样是天真活泼的小朋友。

3. 翻译，从受众出发

或许您在想此次服务与翻译学的关系何在，修读翻译学的同学亦曾有此想法。他们事前并没有接触过手语，更不理解服务与其学科的关系。但在与聋童接触期间，他们体会到语言与身份有密切的关系。翻译是一项针对不同背景人士所需的传达过程，除了传译字面意思，亦不能忽视面部及肢体语言。从服务中学习，一直都是服务研习中重要的一环。透过此次服务，同学们能够亲身接触受众，并学会考虑对方的需要，而这正是翻译学的精髓所在。

4. 聋健共融，接纳彼此

作为岭南大学翻译系的毕业生，张莫愁小姐促成了香港聋人协进会与母校的合作，体现"聋健共融"的精神。一方面，岭南大学学生与聋童交流彼此的文化；另一方面，亦透过活动让聋童融入社会。当被问及合作成果时，张小姐的感触更深："比起翻译其他语言，手语翻译更是一种文化的传递。"她强调，岭南大学同学在与聋童相处时，将他们当作健听小朋友来看待，让双方关系达致真正的聋健共融。

聋，并不是残障，他们只是使用一套无须说出口的沟通方式。隔阂并不会因彼此的"语言"不同而产生，只要我们愿意用心"聆听"聋人的心声，互相接纳，融洽相处，大家都是社会的一分子。

四　挑战及机遇

尽管服务研习处为岭南大学、香港地区，甚至整个亚太地区的服务研习发展做出了卓越贡献，但也面临很多困难和挑战。到2016~2017学年参与服务研习成为岭南大学的毕业要求之一时，项目和课程会更多，规模会更大，本地与国际合作将更加紧密。因此，服务研习处不断自我检讨，发现存在的问题并提出解决方案。以下四点是我们面临的挑战，我们将积极应对，将其转化成机遇和动力。

（一）挑战一：服务研习需要专业课程导师的主动配合和全面支持

长期以来，尽管大部分老师积极开展及支持服务研习，但仍有少数老师对服务研习教学法的理念以及如何将其与自身的专业课程紧密结合存在一定的困惑。目前，岭南大学的16个学系中仍有4个学系暂未将服务研习元素融入其专业课程。而在已经开展服务研习的学系中，个别老师的积极性还有提升空间。

针对这一挑战，服务研习处准备从以下三个方面采取措施。第一，定期与各专业课程导师会面，向他们详细讲解服务研习理念的应用方法。更重要的是，服务研习处与课程导师紧密合作，为不同的学科和具体的课程量身定制有针对性的服务研习计划，确保服务研习能有效帮助课程导师达到其课程目标。我们也会提供《服务研习导师手册》等参考资料，以便课程导师实施计划。第二，服务研习处将增加课程导师在项目委员会中的席位，以便课程导师在统筹管理的层面对岭南大学服务研习的整体发展有更加深入的了解。项目委员会也会通过改进服务研习的“质量保证机制”，更好地测评监督课程成效及学生的学习成果，使课程导师有信心通过服务研习达到其教学目标。第三，在岭南基金会的大力支持下，课程导师可以申请启动基金开展与服务研习相关的项目或课程。

（二）挑战二：加强各项目参与者之间的协调工作

服务研习处一直承担协调各参与者的不同需求的重任，包括课程导师、学生、社区服务机构及社区居民等。由于项目数量不断增加，规模日益扩大，参加人数和机构不断增多，对各部门间协调工作的要求就更高。例如，课程导师和学生提供的是协助社区服务机构发展的策略和方案，但社区服务机构希望得到直接、切实的服务。同样，具体的服务研习项目通常在学生选定课程后才能确定，这可能导致学生实际参加的项目不符合他们选课时的期待。

为了更好地应对这一挑战，服务研习处一直注重与相关部门的沟通，使得各利益相关者明确自己的角色和任务。服务研习统筹员不仅会与各个部门深入交流，讨论其具体情况、真实需求及参与服务研习的目标，也会促进不同部门之间的交流与分享，争取达到多方共赢的效果。我们也鼓励课程导师自己主动联系社区服务机构，或是与社区服务机构开展服务研习，更好地满足双方需求。服务研习处正在建立一个分享交流平台，以便开展服务研习的所有相关部门直接进行交流与分享。例如，课程导师、学生和社区服务机构可以通过这个平台，讨论自己项目的需求、目标及方案。有兴趣合作的部门之间可以直接联系，这样能够有效地促进合作。

（三）挑战三：项目统筹人手需增加，资金来源要有保证

目前，岭南大学的服务研习统筹工作都是由服务研习处承担，各专业科系内部并没有安排专人负责。为了保证课程内的服务研习活动顺利开展，我们建议各科系建立有效的奖励机制（例如，拨专款），鼓励内部职员负责统筹工作。

岭南大学服务研习处的大部分资金都是来自私人捐款、咨询项目以及香港大学教育资助委员会的专项基金。岭南基金会和利丰基金会一直大力支持我们的工作，但许多捐赠款项的期限即将结束，缺乏资金将会严重影响服务研习处的正常、稳定运作。另外，由于参与服务研习在 2016～2017 学年将成为岭南大学的毕业要求之一，服务研习处将需要更多的人力、财力资源，雇用更多经验丰富、学术能力较强的资深人员进行监督管理，以确保项目及课程在全校范围内顺利开展。因此，由校方提供持续、稳定的资金就显得非常重要。充足的资金支持可以保证有足够的人手负责统筹各科系现有的服务研习项目、开设新课程以及整体的统筹管理。

（四）挑战四：培养社区合作伙伴成为“共同教育者”

现有的服务研习项目和课程主要由服务研习统筹员和课程导师来安排，社区合作伙伴在服务环节参与较多，但在对学生的监督和学习的促进方面参与较少。作为服务研习中的关键角色，社区合作伙伴应该担负起“共同教育者”的重责，指导学生在社区中的服务和工作，促进他们个人及在专业上的进步。

目前有部分社区合作伙伴的“教育者”意识仍需提高。服务研习处将会加强对社区合作伙伴的培训及与他们的沟通，让他们充分理解机构督导员在其领域的专业知识是学生获得实践技能的重要来源。希望他们能够在项目的设计、实施及评估阶段提供宝贵意见，积极参与到对学生的培训和督导工作中。

五　服务研习在岭南大学的未来发展

服务研习在岭南大学正稳步快速发展，也即将被纳入岭南大学的教学纲领，成为岭南大学教育的一大特色。为了配合参与服务研习在2016～2017 学年成为毕业要求之一的计划，我们将持续完善现有的服务研习项目和课程（例如，将服务研习元素融入更多的专业课程），增加新的服务研习模式（例如，开设“服务研习处及专业学科合作开展的课程”，认可岭南大学学生在其他高校交流学习期间参加服务研习课程所得的学分，等等），加强对计划成效及学生学习成果的评估（例如，利用纵向研究的方法长期追踪研究服务研习对学生能力及学习成果的影响）。

因为服务研习提倡的是专业知识与服务经验的结合，其中涉及多个相关部门之间的合作，所以为了保证学生能在良好的环境中进行经验学习，课程导师能通过服务研习达到其教学目的，社区能在活动中切实受益，建立一套完善的服务研习质量保证机制就成为重中之重。自 2006 年服务研习处成立以来，就一直重视服务研习计划的质量及监督工作，如今更是建立了一套更为系统的质量监察体系，确保服务研习可持续发展。

在该体系中，三个委员会扮演重要的角色。服务研习项目委员会每年会举办三次会议，审查这一整年的服务研习计划，对计划及课程的形式内容、开展流程、学术相关性及学生的学习成果进行评定并提出建议。他们同时有责任推动服务研习在各专业科系中的开展以及批准新项目的启动。该委员会的成员包括服务研习处总监、协理副校长（学术）、各院系课程主任（或代表）、课程导师代表、学生代表以及服务研习处职员。服务研习处资讯委员会通过每年举办 1～2 次会议，审核服务研习课程和项目是否符合本地和国际的标准以及服务研习处与各部门之间的合作情况；促进服务研习处与本地及国际不同的社区伙伴之间的合作；评估岭南大学服务研习项目的质量及整体发展情况。该委员会成员除了岭南大学的教职员外，还包括本地及国际社区伙伴、教育机构代表。正在筹备中的重要角色是社区－科系委员会。该委员会将通过各科系课程导师、社区合作伙伴及服务研习处代表每年举办 1～2 次会议，讨论服务研习项目的具体规划以及实施情况，确保在满足社区需求的同时也达到大学教与学的目标。

学校简介

岭南大学是香港唯一一所博雅教育学府，以“作育英才，服务社会”为校训，致力于提供优质教学，强调全人教育。培育学生独立思考、判断、关怀他人和勇于承担责任，立足于香港、亚洲地区以至全球瞬息万变的环境中。岭南大学的博雅教育旨在树立学生的公民意识，并培育他们的知识、技能及洞察力，使他们毕业后具备广阔且深远的视野、服务社会的热忱和能力、理解复杂问题的智慧、面对窘局的忍耐力和成熟的判断力。

服务研习处简介

服务研习处成立于 2006 年 11 月，由惠安集团有限公司执行主席梁启雄先生捐款 500 万港元，连同大学资助委员会的等额资助，成为全港大学中首个独立的服务研习部门。我们致力于推广体验式学习模式，鼓励学生参与与学科相关的社区服务，培训他们成为社会的改变者。

第五章

服务研习试点项目的总结和讨论

第一节　服务研习试点项目的成效及特色

此次服务研习试点项目在各大参与院校的积极努力和香港岭南大学的鼎力支持下圆满完成。虽然开展试点项目的内地高校仅是在校内就服务研习开展小规模的先行试点，但在短短一年的时间内，各校师生全力以赴的投入使得试点项目取得显著成效。为了更好地了解开展服务研习项目对教职员的影响，香港岭南大学要求参与此次试点项目的教职员（来自 6 所大学）于参与前后分别完成一份前测问卷和一份后测问卷（完整问卷见附件二）。前测及后测问卷均包括 4 个方面的自我评分：①教与学：教职员在任教科目中的教学成效及学生的学习成果；②社区参与：教职员对联系、了解、服务社区的态度；③个人及专业发展：教职员对个人能力及专业的认知；④对服务研习的了解：教职员对服务研习的定义、理念、操作方法、安排管理方面的认知。

最后有 9 位教职员（每所开展服务研习试点项目的院校至少有一位代表）完成了前测和后测问卷。配对样本 t 检验的数据分析调查结果表明，教职员在参与服务研习试点项目后在“社区参与”及“对服务研习的了解”方面的自我评价有显著提高；在“个人及专业发展”及“教与学”方面的评分也呈上升趋势（见表 1 及图 1）。由于项目开展时间较短及参与的教职员人数有限，此次调查的结果不具有普遍性。但可以看出开展服务研习能够对教职员的专业教学工作、社区参与意识、个人专业提升、对服务研习的认知带来积极影响。希望将来进行更全面的调查，深入探知服务研习对师生及社区的影响。

表 1　内地高校教职员参与服务研习试点项目前后的自我评价（1 分表示非常不同意，10 分表示非常同意）

单位：人，分

	人数	前测		后测		差值	p 值*
		平均值	标准差	平均值	标准差		
教与学	9	8.13	1.75	8.20	1.87	0.07	0.793
社区参与	9	8.24	2.12	8.76	1.53	0.52	0.022
个人及专业发展	9	6.93	2.31	7.48	2.24	0.55	0.056
对服务研习的了解	9	6.06	2.24	8.49	1.02	2.43	0

* 当 p 值小于 0.05 时，前测及后测的结果之间具有显著性差异。

图 1 比较了高校教职员参与服务研习试点项目前后的自我评价结果（1 分表示非常不同意，10 分表示非常同意）

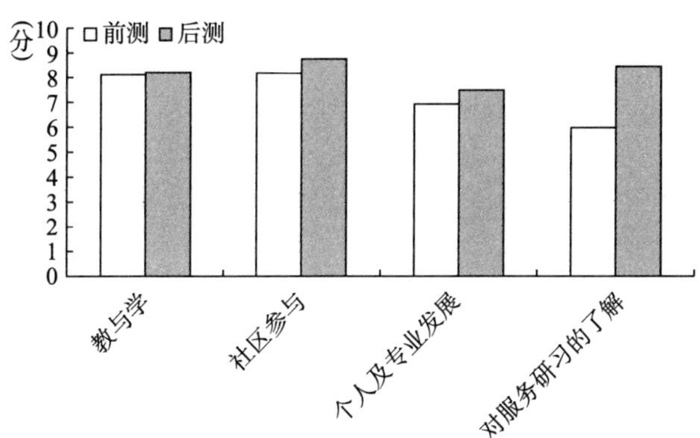

图 1　内地高校教职员参与服务研习试点项目前后的自我评价

在服务研习试点项目开展过程中，各个高校根据自身特色，巧妙地将服务研习与其教学宗旨、课程模式、教育改革方向相结合。针对当地的社会现象和问题，将学科知识与社区服务紧密结合，在使学生达到学习目标的同时，以行动回应社会所需，最终达致高校、学生、社区“三赢”的效果。在首批服务研习试点项目成功开展以后，大部分参与高校都对进一步推广服务研习满怀热忱，希望巩固已创建的服务研习基础，增加项目的多样性，扩大项目的影响力，加强与社区合作相构、本地及国际高校间的合作。

一 对范围广泛的社会问题开展有针对性的服务研习

服务研习试点项目涉及的社会问题范围广泛，包括全国性的普遍社会问题（例如，环境污染、税收违法等问题）和地方性的特殊社区问题（例如，麻风病康复村的社会歧视、少数民族地区的环境教育缺乏等问题)。但对这些问题的调查却没有因为其广泛性变得空泛浅显、流于形式。因为每个服务研习试点项目都以一个特定主题作为切入点，进而进行深入调查和探究。首先，参与院校根据自身专业课程及所处的社区环境精心挑选适合开展服务研习项目的主题。然后，针对这一主题对学生进行培训。培训内容包括项目主题的背景调查与讨论，通过服务研习改善相关社会现状的可行性，将项目主题与课堂知识及实践服务联系起来的具体方法，等等，准备充分后才进入服务阶段。服务过程中亦鼓励学生对其观察感受到的社会问题不断进行反思和分享，根据实际情况不断改进项目方案。

为了加深学生对社会问题的认知和了解，各高校都相当重视学生在项目各个环节的积极性与参与度，强调学生的参与度和自主学习更是贯穿项目始终。例如，在前期的培训阶段就组织学生与合作的社区机构见面，了解服务对象的现状并向机构工作人员了解相关信息；要求学生通过浏览网站、阅读书籍、拜访等多种形式收集与项目主题相关的背景资料，并与其他组员分享讨论；等等。这一模式有别于“老师教 - 学生听”的传统单向培训模式，体现了服务研习注重学生的积极主动性的特点。为了使培训内容更贴近真实生活，除了课程导师教授学术理论外，许多高校还邀请相关领域的社区专家和民间精英开展讲座，对项目主题进行全面、深入的剖析。

试点项目改善社会问题的成功之处在于以小见大，从细微处着手。高校选取身边熟悉的社会议题开展服务研习项目，成功地避免了盲目跟风的情况。这充分说明服务研习具有高度的灵活性，可以通过与高等教育课程的结合改善各种社会问题。项目的系统实施及学生在各个环节的有效参与使项目更具有教育意义，更有深度，能切实带给社区和学生积极的影响。

二　以灵活多样的形式将服务研习与各种专业课程结合

与理论知识的融合及对学生专业学习的促进是服务研习有别于传统志愿者活动的关键因素。参与试点项目的院校成功地将服务研习与各种专业课程结合起来。所涉及的课程不仅包括传统的专业学科（例如，历史社会学、思想政治），还有新式的通识教育课程（例如，全人教育义工服务课程）、独立开设的服务学习课程等；专业领域更是横跨人文、经济、医科等多个学科。这种形式多样的结合说明有意开展服务研习的高校可以根据各自的课程结构、管理模式、发展方向等，将服务研习灵活地融入其教学体制中。

同时，试点项目也成功地打破了某些既定的传统观念和部分教育者的忧虑：社区服务只能与个别人文社会学科建立联系，并不适用于大部分专业课程。例如，中山大学开设财政专业“税收管理”课程的老师，从经济学的角度分析税收违法现象及其危害，并结合所学，走进社区为居民普及税法知识，降低潜在的违法犯罪可能性。广西医科大学在“形势与政策”课上，将环境教育的专题作为思想政治课程的一部分开设。师生通过向偏远地区少数民族儿童宣讲生态环保知识，在提高自己的环保意识的同时也将相关的知识和理念成功地传递给下一代。这些服务研习项目比传统意义上的义工活动（例如，拜访老人院、清洁公共设施）

更深入、更系统、更具创造性。由此可见，服务研习的概念和操作并不会受到专业类别的限制，因为服务社会、帮助他人的方式是多元化的。所以需要师生发挥创新思维，打破成规，根据对应课程的特点量体裁衣，用创意将理论与服务结合起来。新时代的大学生除了要具备丰富的学识与实践技能外，勇于创新、开拓进取的精神对他们更为重要。

值得一提的是，试点项目的课程不仅包括以授课为主的大学本科课程，也涉及以调研为主的研究生课程。中山大学哲学系的师生，结合“公益慈善伦理专题研究”课程，开展研究和保育乡村乡土文化的服务研习项目。参与该项目的师生反映项目为其学术研究提供了新的思路。部分学生更是将此服务研习项目的相关主题确定为自己攻读硕士甚至博士学位的研究方向，从而凸显了服务研习中“研究”的部分，说明学生通过社区服务不仅可以将已学的知识用于实践，更能累积研究素材，拓展思维，在自己的专业领域获得突破和更长远的发展。试点项目多是将服务研习与高校内某一门课程结合。在统筹管理较为成熟后，高校可以尝试开展更多的服务研习模式，例如，跨学科跨领域合作、本地与海外合作的服务研习项目等。

三　达致学生、学校与社区“三赢”的局面

通过开展服务研习，达致学生、学校与社区“三赢”的局面是试点项目的另一亮点。来自学生自己的反馈和老师的观察均说明服务研习有效地推动了学生的全面发展，包括知识面和社会视野的扩展、专业学习和研究能力的提升，以及公民意识、实践技能、沟通技巧、团队合作精神、组织能力、创新思维、时间管理、解难技巧等方面的提升和锻炼。不同于简单的义工活动，服务研习提供了多层次的学习渠道。学生先在课堂及培训中奠定理论基础；接着在具体服务中实践所学，并借助反思将实践经验归纳整合；再将整合的概念用于评判及修正课堂上所学的理论知

识；最后再将修改后的理论和知识放回实践中验证，指导实践。[①]整个过程中，课程导师及机构督导员对学生起到启发引导的作用。例如，帮助学生将理论与服务勾连，及时协助学生解决面临的问题，在鼓励学生自主学习的同时确保教学质量。

在学校层面，引进服务研习这种教学法丰富了人才培养方案，为学生提供了更多元化的学习方式，符合当代大学生求新求变、渴望学以致用的心理。有些高校更是将服务研习融入正规的教学体制中，给予学生相应的课程学分。这一举措不仅强调了服务研习的学术性，将其与一般课外义工活动区分开，还可以减轻学生的课业负担，充分调动其学习的积极主动性。这种课堂学习与实践结合的教学法也有助于增进师生之间的互动和情谊。部分参与服务研习项目的师生谈到，服务研习促进了师生教学相长：老师不仅仅是教授理论的授业者，更是指导实践的传道者，带给学生的是全方位的指引；学生的创新思维和青春热情也同样协助老师研发不同的教学法，推动教与学共同进步。

同时，服务研习强调的全人发展理念与中国长期以来提倡的素质教育及近年来大力推行的通识教育改革有异曲同工之妙。可见，虽然服务研习起源于西方国家，但其中心思想与我国教育的发展方向一致。中国高校只需在具体的实施方法上针对国情做适当调整，便能有效地推进高等教育改革进程。此外，在全球一体化进程中，服务研习亦能成为桥梁，促进中国教育与世界接轨，加强中西方教育界的交流，促进共融；让国外学者了解中国服务研习的发展模式和特色，分享发展过程中取得的成果和遇到的困难；在中外服务研习的对比中总结经验，互相学习。让中国走向世界，世界了解中国。例如，2013 年 6 月，由香港岭南大学和广州中山大学合作举办的第四届亚太地区服务研习会议上，一些内地高校就他们对服务研习的理解及开展试点项目的经验发表了精彩的演讲，受到了世界各地与会者的关注。来自多个国家/地区、

---

① Kolb, D. 1984. *Experiential Learning*. New Jersey: Prentice Hall.

不同领域的与会者对中国模式的服务研习很感兴趣，纷纷与内地高校积极讨论合作机会。

从社区角度看，服务研习的开展为社区中的弱势群体带去直接的帮助。例如，消除社会边缘群体所遭受的偏见和歧视；帮助他们获得社会认同，认识自身的价值。对大学生而言，通过服务研习，亦使民众更加关注社会问题并对问题现状进行有效改善。例如，环境保护问题、留守儿童问题、艾滋病防疫教育问题等。与课程结合的社区服务也有助于探知历史变迁，传承传统文化。例如，对客家乡村文化的研究及保育，通过口述史的形式记录历史故事和群众声音。另外，透过服务研习，大学与社区建立了联系，使大学不再是与社会相对脱离的象牙塔。大学作为社会知识的坚守者、传承者和创造者，与社区保持紧密联系，将有助于推动社区文化、经济等方面的进步，也有助于大学将学术科研与社会实际需求相结合，更好地推动社会发展。

综上所述，服务研习与强调单方收益的义工活动或实习项目不同，它开创了学生、学校及社区三方共赢的新局面。这个特点使得高校可以有效利用有限的人力、物力及财力资源，一举数得。

四　激发师生进一步推广服务研习的动力

服务研习试点项目在内地高校成功培养了服务研习的萌芽。大部分师生在试点项目结束后，对进一步推广服务研习充满热情和动力，甚至拟订了具体的推广方案和计划。例如，多所大学正计划将服务研习与校内更多专业课程挂钩，与校内通识教育相结合，开设独立的服务研习学科，设立独立的部门协调服务研习工作，安排人力资源，下拨专项资源，等等。例如，华南师范大学教授历史社会学的老师在“麻风病康复村口述史服务研习项目中得到启发，随后很快开设了全校公选课程“公益与社会变迁”，进一步推广公益与学术相结合的理念。同时，教授该课程的老师正在校内申请成立口述史社团，希望通过口述史的形式锻炼学生的专业技能并通过记录群众的声音为社会群体赋权。北京师范大学－香港浸会大学联合国际学院希望通过服务研习了解、改善更多的社会问题，让师生准确把握时代脉搏，与时俱进。珠海城市职业技术学院计划开拓学校和企业、政府合作的空间，扩大服务研习的影响力，增加服务研习的多元性。广西医科大学和中山大学表示会不断完善已有的服务研习项目/课程，并长期、持续地开展下去。

当今中国的教育改革浪潮及迅速崛起的社会企业都是高校进一步开展服务研习项目的巨大动力。中央提倡的素质教育及全人教育已成为许多院校的办学宗旨，近年来各大高校大力推行的通识教育改革更是如火如荼。注重专业学习、实践技能、服务精神的服务研习教学法可提供一条有效途径，帮助院校达到教育目标。此外，“社会企业”、“非营利机构”的概念从21世纪初由西方传入中国后，得到了迅速发展，譬如，草根非营利组织、社会企业以及公益风险投资等。这类企业和组织坚持运用商业手法服务社会，有利于促进我国稳定、和谐发展。但是目前公众对中国社会企业、民间非营利组织依然知之甚少。许多社会企业在发展过程中由于缺乏专业指导、创新精神及社会认同而陷入困境，出现可持续发展危机。①通过服务研习，高校与社会企业建立协作关系，不仅有利于高校建立并维持与社区的友好合作关系，也能合理运用大学师生的专业力量促进社会企业成长。

第二节　服务研习试点项目遇到的困难及建议

虽然试点项目成果颇丰，但由于服务研习在内地高等教育界

① 杨光飞、马晓浔：《本土社会企业发展的困境与契机：实践观察与理论思考》，《广州公共管理评论》2013年第00期，第131～145页。

仍处于发展初期，开展项目的高校也在实践中遇到了一些困难。例如，学生培训及项目统筹缺乏系统性，与社区合作或联系服务方面遭遇障碍，欠缺对项目成效及学生学习成果的有效评估方法，等等。高校就项目的局限性展开讨论，进行深刻反思，提出许多具体的改善方案。下文会对参与试点项目的高校遇到的困难进行深刻剖析，并且附上参与高校以及香港岭南大学服务研习处提出的建议作为参考。

一 加强系统培训

服务实践前开展系统、深入的培训是服务研习的重要环节。但初次开展服务研习的老师对相关培训还不熟悉，对具体流程存有疑问。例如，培训包括哪些内容？培训时间多长？不同的培训项目由谁主持？在项目开展过程中，部分师生也发现了培训中欠缺的部分。例如，对社区中实际情况了解不够，缺乏应对突发问题的技巧，对社区居民提出的具体问题没有准备，等等。因此，建议邀请社区代表及相关领域的专业人士加强对学生实践知识的培训，讲解服务对象面临的常见问题及相关社会议题的最新资讯。同时，也可鼓励学生提前对社区问题和服务对象的真实需求进行调查与研究，以求提供最符合社区需求的服务。

虽然有些课程导师反映自己仍欠缺明确的培训意识，但在其项目的开展过程中其实已经包含了许多培训中的关键内容，包括课程导师对服务项目与专业课程间关联性的介绍、NGO 志愿者的经验分享、相关领域的专家举办的讲座等。这些活动都穿插在服务研习项目中，为学生提供专业的理论及实践指导。为进一步完善培训内容，高校可以更多地激发学生主动学习的积极性及加强各项目相关方的交流与互动。譬如，在服务前安排机构探访、举办学生论坛，并邀请课程导师、社区代表及服务研习统筹员共同参与筹备工作和讨论；让学生提前了解服务对象的真实情况和相关社会议题；最后，结合多方意见，通过积极的思考与讨论完善服务计划，做好充分准备。

二　提升统筹及策划执行的技巧

由于服务研习在内地高等教育界的发展仍属起步阶段，缺乏可供参考的案例和经验，因此大部分参与试点项目的高校仍在探索最有效的实施方案。在项目的统筹、策划执行方面还有很大的进步空间。

一些院校表示，其项目在操作方法、整体思路的设计上不够清晰，导致师生在操作上的混乱。实际上，在开展服务研习项目初期，在执行上有不熟悉、不完善之处实属正常。建议举办师生及社区合作机构参加的总结讨论会，共同商讨改善方案，在不断的实践和经验总结中进步。另外，项目组织老师可参加与服务研习项目统筹相关的培训，阅读相关文献，参考其他学校/科目/项目的开展流程和执行计划。在项目开展前制订详细的策划执行方案，清晰地列出每一阶段的任务、时间表和可行性。提前确定活动内容及流程，组织师生探讨可能出现的问题并做好相应对策准备，将可预见性问题的发生概率降到最小。

另外，因为大部分参与试点项目的师生都充满热情，迫切希望用自己的专业所学帮助社会中的弱势群体，为社区带去正能量，所以在服务研习活动中积极发现并添加新的主题研究领域和服务对象，导致服务研习项目的整体运行出现较大波动、任务量增大等情况，加重了师生的负担，影响项目的正常运行。针对这一情况，建议在活动策划的初期就制定明确的项目目标和具体流程，围绕既定计划展开活动，确保所设定目标的顺利达成。若在项目开展过程中发现新主题，可以先行记录，在完成原定项目后再对新发现的问题进行跟进，如有需要可开展新的服务研习项目。服务研习强调在改善社区问题和满足社区需求上采取循序渐进、不断深入的方式，这样既可以保证每次服务研习的质量和条理性，又有利于服务研习的可持续发展。

三　提高师生参与的积极性

部分参与试点项目的高校表示，师生参与服务研习项目的积极性需要进一步提高。第一，烦琐的筹备工作和社区服务所占用的课外时间导致学生压力较大，降低了学生的参与热情。首先，充分调动学生积极性的关键在于让他们充分了解服务研习的理念及“社区－学生”双赢的模式，使学生不把服务研习简单地定义为“帮助他人”的义工活动，而是在服务的同时注重自己的学习和成长。通过实践和对知识的应用，锻炼自己的社会能力，加深对理论的理解。此外，为避免项目开展过程中出现不必要的忙乱及增加工作量，应提高项目规划的条理性，在培训阶段培养学生的时间管理能力和组织能力，引导学生用积极、正确的态度面对服务研习，引导学生将压力转变为动力。

其次，由于缺乏开展服务研习项目的经验，校内相关师资力量薄弱，一些课程导师表示在项目设计、吸引学生等方面面临很多困难。对服务研习完整、深入的认知是激励课程导师采用这种教学法的基础。只有当课程导师在思想上了解、认可这种经验教学法的优势及意义后，他们才会积极、自主地推行服务研习，更好地鼓励学生参与。因此，老师可以通过阅读服务研习相关文献、参加相关培训和工作坊，获得更全面的认知。另外，与其他服务研习实践者的交流学习亦能够为老师提供参考，激发其灵感，从而开展形式灵活、内容丰富的服务研习项目，为学生提供多样化的学习机会。同时，学校方面也应给予充分的支持，例如，提供资源并建立相关的奖励机制。

四　加强与社区合作机构的关系

高校服务研习项目的社区合作机构多是由课程导师通过自己的社会观察及社交网络自行联系。一些高校表示，合作的社区机构缺乏深度参与，没有积极参与到学生筹备、培训或反思等环节中，更没有选派相关人员对学生进行督导，导致社区合作机构处于被动接受服务的位置，甚至对项目存有疑虑、不够信任，使得高校与社区合作机构难以建立长期稳定的合作关系。为了改善这一状况，大学师生需要加强与社区合作机构的沟通，深入了解社区的真实需求，根据实际情况调整活动方案，以确保提供的服务能切实帮助社区克服困难，而不是“为了服务而服务”。此外，也应该进一步培训社区合作机构，使其成为学生的“共同教育者”，强调他们在培养青年人才中的社会责任和重大意义。改变社区合作机构将自己视为“服务接受者”的被动想法，鼓励他们利用其社会领域的专业技巧帮助学生提高实践技能。

部分负责老师反映他们的服务研习项目的规模较小，影响不大。由于学生服务时间有限，活动开展的深度和广度受到限制。在项目开展初期，师生都处于摸索阶段，规模及影响尚小实属正常。就项目的长远发展而言，除了师生自行寻找并联系服务对象外，亦可加强与社区合作机构及其他高校的合作，加大项目的推广力度，致力于项目品牌的联合建设。积极参加服务研习相关会议、论坛等也有助于促进经验交流，增加合作机会。

五　提高理论与服务的关联度

将学术理论与社区服务相结合是服务研习的一大特色，也是其先进创新之处。部分师生表示，项目中理论学习的部分仍有待加强，尤其是那些尚未与专业课程相结合的服务研习项目，其中的理论培训较易变成对社会问题的浅显讨论。因此，建议首先将服务研习与校内已有的专业课程或通识教育课程相结合，使学生运用创造力将课堂上学到的理论与实践联系起来，培养学生学以致用的能力。

同时，对理论学习的强调应该贯穿服务研习项目的始终。首先，通过系统的理论课程讲授帮助学生掌握专业知识；其次，在服务研习项目的筹备、开展以及反思阶段，项目统筹员及课程导师都需要不断强调理论与实践的关联性。在对实际操作进行有效指导的同时，亦可帮助学生反思，培养其将理论运用于实际的思维方式。

目前来看，一些课程导师仍存有疑虑，认为服务研习只能与个别学科或某个专题相结合，导致参与学生有限，难以达到服务研习在全校各科系广泛普及的目标。实际上，服务研习的灵活性使其可以与各专业课程、多种社会专题相结合。美国及许多亚太地区的高等教育机构已经成功地将服务研习制度化，甚至将服务研习定为必修课程，例如，美国杜兰大学（Tulane University），中国台湾的台北医学大学、台湾大学，等等。直接通过许多高校的网站就可以获取其服务研习课程的信息，或了解项目情况，也可以与校内主管服务研习的部门联系，获取更多资料。大陆高校老师可以借鉴各地区、各学校的服务研习模式，参考不同课程如何与服务研习相结合，坚持多元化的开展模式，逐渐扩大影响。后期更可以加入跨学科、多领域的合作项目，锻炼学生从多角度思考问题、联系理论知识的能力。

六　增加项目的评估方式

评价机制不完善是参与试点项目的高校普遍反映的问题。一些院校反映，在项目开展过程中对学生的管理比较松散，学生之间缺少沟通交流，缺乏有效的反馈及考核机制。服务研习坚持学生自愿参加的原则，但有效的管理机制可以确保学生学习目标的达成。可以鼓励学生写分享日志，定期组织召开分享会及反思讨论会，促进学生间的交流和互动，并邀请课程导师和机构督导员参加讨论，给予学生指导和鼓励。适当引入考核制度能增强服务研习的系统性和规范性，也可保证教学质量，为学生学习成果的评估提供依据。评估的内容可包括考勤、服务态度等。评估的方式多种多样，例如，课堂上的口头报告，反思日志及论文，前测、后测问卷调查，焦点小组及深度访谈，等等。通过这些方式可以从多角度评估学生的学习成果、服务表现等，也能帮助老师对课程及项目内容进行及时调整，提高效力。

中山大学以公益学习形式开展的服务研习项目通过问卷调查对比学生参加服务研习项目前后在六个范畴的能力变化，包括沟通能力、组织能力、社交能力、解决问题的能力、研究能力和积极态度。出乎意料的是，调查结果显示，学生参加公益学习后除了研究能力以外，其他六大能力均有下降趋势。研究者将其解释为服务实践前学生对社会的认知仍停留在书本学习阶段，对自身能力较有信心，因此自我评价较高。在服务过程中学生接触到真实的社会，遭遇实际困难，就有可能开始怀疑自己的能力。

为了更好地帮助学生学习和成长，减少学生在初期接触社会时遇到的冲击和不适应，前期培训时可告知学生实践中可能遇到的困难，使学生做好心理准备。在学生遭遇困难和挫折时，课程导师要及时予以鼓励，使其明白遇到问题是正常的，切勿将困难个人化，产生自我否定的负面情绪。鼓励学生用正面心态及多种方式积极寻找解决方案，例如，与组员讨论、向导师征求意见等。课程导师亦需要密切关注学生的服务过程和情绪变化，提供适宜的支持和帮助。学校在评估学生的学习成果时，除了采用问卷调查进行量化分析外，也可通过访谈或焦点小组等质性研究深入了解学生的服务研习经验及其在心态、能力上的具体变化。

七　使服务研习具有可持续性

如何使服务研习可持续发展也是各大院校普遍关心的问题。有些院校表示，师生繁重的工作、学习任务及竞争压力挤压了他们参与公共服务的时间，分散了精力。但庆幸的是，许多师生仍对公益服务抱有极大的热情，愿意在繁忙的工作/学习中抽出时间服务社会。

针对这一情况，首先应对学生就服务研习进行全面解读，让他们看到服务研习的长效优势：在校期间就可以培养并增强他们的社会适应力及竞争力，对将来毕业后的个人发展有极大帮助。其次，培养学生的社会意识、人文关怀精神，让他们由对自己的小爱上升到对他人、对社会的大爱，用正确的态度看待"竞争"，追求"成功"。再次，鼓励师生发挥创造性，将自己在专业学术上的追求与服务社会的愿望有机结合，不局限于简单的传统志愿者项目，而是开展内容丰富、能同时造福社区及促进学生专业学习的"双赢公益"活动。初期建议师生先开展小规模的服务研习项目，降低项目统筹、人员调配、资金方面的压力，将有限的精力集中到服务研习项目的具体内容上。通过师生的亲身经历逐渐加强社会关怀，增强公民意识和社会责任感。

同时，院校及教育部门也应该提供支持，协力促进服务研习可持续发展。例如，在校内建立相应的奖励机制，为服务研习项目/课程配以相应学分，在减轻师生的教学和课业压力的同时也有利于服务研习在高校实现系统化及制度化。另外，加强对项目的有效管理，包括由学校分配专项经费及人员，进行项目统筹，对师生申报的服务研习项目进行系统审核以确保项目质量；通过学校联系社区服务机构，在确保选到合适的社区服务机构的同时也有利于建立和维持与社区的长期友好合作关系；根据服务对象和社区的具体需求确定项目的内容及开展方式，甚至可以成立相应的社团及出版内部刊物，提高校内师生对服务研习的认知水平及参与积极性。项目经费直接或间接地影响服务研习的可持续性。除了学校提供一定的活动资金外，可争取当地政府、社会企业、非营利性机构（NGO）等的支持，团结社会各界力量共同促进服务研习的可持续发展。

八　项目遇到的客观条件限制

由于服务研习跳出简单的课堂学习，需要社区及师生共同配合，就不免会遇到一些困难及客观条件的限制。例如，一些服务研习项目的合作社区比较偏远，由于距离太远，要求师生投入的时间及交通费用较多，项目难以推广。又如，由于服务时间与学生的其他课程安排有冲突、社区服务机构临时变动时间等，导致项目开展过程中出现一些意外情况。

鉴于服务研习的灵活性，项目可从身边的校区、社区做起，鼓励学生在日常生活中留心社会问题，从点滴做起。在项目逐渐成熟后，再扩大服务的广度和深度。如果服务地点较为偏远，出于安全的考虑，开展服务时尽量安排多名学生结伴而行，在条件允许的情况下，安排服务研习统筹员或领队陪同前往。为了给学生提供更多的选择，使其有更大的自主性，开展多样化的服务研习项目不失为一种有效的方式。例如，校区内的服务研习项目、与社会企业合作的间接性社会服务项目、暑期服务研习项目、社区为本的服务研习计划等。学生可以根据自己的学习兴趣和活动安排挑选适合自己的项目参加。

服务研习在内地高等教育界的发展已经起步，并呈现蒸蒸日上的势头。短期内的发展策略应该将重心放在三个方面：①扩大服务研习在内在不同高校和地区的影响；②持续完善现有的服务研习项目及课程；③提高服务研习的学术价值及建立分享平台。

中国地域广阔、高校众多，但本书的案例大多集中在华南地区。目前，北京、湖南、上海、宁波等地的高校亦纷纷加入到开展服务研习的行列。虽然目前尝试开展服务研习的多是某些地区的个别高校，甚至是个别课程导师，但我们深信不久的将来，服务研习会被推广到更多的地区和院校，使更多师生和社区受益。香港岭南大学服务研习处非常乐意协助有兴趣开展服务研习的高校制订高效可行、循序渐进的方案，并尽力提供相关培训和资源，为那些对服务研习概念较为陌生、持观望态度的高校提供更多的相关信息。例如，分享有关会议演讲、学术活动及研究刊物资讯；以邀请参加学术访问、学生分享等方式加深他们对服务研习的了解。此外，建立服务研习网络，鼓励各大高校之间进行互动分享，具体形式包括定期举办研讨会、创建网络分享平台、建立服务研习培训基地等。在不断稳固服务研习中国本地网络的同时，加强与亚太地区服务研习网络和西方国家服务研习网络的联系与沟通，促进中西服务研习的交流及学术与教育的接轨。

首先，已经开展服务研习的高校应该持续完善已有的服务研习相关项目及课程。在不断完善现有项目和课程的同时，也要鼓励更多的师生积极参与，结合更多的专业科目，开展形式多样、内容丰富的课程与活动。针对数量不断增加的服务研习项目，也需要不断加强对项目成效以及学生学习成果的评估，以保证项目质量。

其次，服务研习作为一种先进的教学法，学术理论是其中的关键元素。目前，仍有部分师生误将服务研习与志愿者活动画上等号。因此，注重学术理论与社区服务之间的紧密联系将是初期开展服务研习的课程导师及院校的重要任务。课程导师可以借鉴其他服务研习课程的评估方式，结合自己课程的内容和特点，创建合理有效的方法测评服务研习是否可以协助其达到教学目标，促进学生对专业知识的理解和掌握。另外，课程导师亦可利用服务研习的平台，深入社区，结合社会议题，将自身专业研究的范畴从书本拓展到社区。香港岭南大学服务研习处正在积极筹备创办亚太地区第一份《服务研习》学术期刊，为众多的学者、教员提供学术研究的交流平台，也让更多的人了解服务研习重要的学术及研究价值。

香港岭南大学服务研习处－内地高校服务研习试点项目总览

学校名称	试点项目名称	负责老师	项目特色
中山大学	公益慈善伦理与乡土文化保育服务研习项目 结合科目：公益慈善伦理专题研究	王硕、熊寰	• 帮助农村老人特别是独居老人，陪伴他们度过新年 • 记录乡村老人协会的活动并帮助他们进行组织建构及拓展 • 记录保护客家乡村物质及非物质文化遗产
	恩宁路小区志/口述历史项目 结合科目：文化人类学	朱健刚	• 基于对恩宁路小区的田野调查，和恩宁路学术关注小组一起完成对恩宁路的口述史工作 • 协助恩宁路学术关注小组合作举办放映会、沙龙等社区活动，促进公众广泛参与，与当地居民共同探索旧城小区的可持续发展
	“税收管理”课程服务研习项目 结合科目：税收管理	龙朝晖	• 以自己的税法知识为居民纳税人解答税收问题 • 宣传税法，传播税收知识，为国家税收工作做贡献
华南理工大学	广州大学城社区垃圾分类的参与式服务与学习 结合科目：公益传播	齐莉莉	• 针对社区居民，以“垃圾分类”为主题，设计一系列与环保相关的主题传播活动 • 透过同学设计的传播活动和方法去影响服务对象，让社区居民认识到垃圾分类对环境保护的重要性
华南师范大学	麻风病康复村口述史服务研习项目 结合科目：历史社会学	韩益民	• 服务麻风病康复者、志愿者与康复村村民一起工作，改善村庄生活条件，陪伴村民 • 利用录音笔，录下对老人家的访谈

续表

学校名称	试点项目名称	负责老师	项目特色
广西医科大学	预防控制农村儿童高发的寄生虫疾病服务研习项目 结合科目：寄生虫学	唐莉莉、王宇清	• 把感染寄生虫的相关知识普及到所服务地区的小学，增加当地小学生对这方面知识的了解
	“广西少数民族地区环境教育”服务研习项目 结合科目：形势与政策	韦霄燕	• 以广西壮族自治区南宁市马山县白山镇新汉小学生为服务对象的环境保护宣传教育公益活动
	关注儿童健康、成就幸福家庭服务研习项目 结合科目：儿童健康与发展	郑茸、张瑜、蒋洪涛	• 对通识教育/儿童健康现状的了解及知识宣讲，对社区医院机构及职能的了解，社区医院医疗服务见习
	社会工作方法介入农村留守儿童的教育与社会支持网络 结合科目：团体社会工作	何肇红	• 为农村留守儿童提供学习教育和社会支持服务 • 对留守儿童品德教育的改善
北京师范大学－香港浸会大学联合国际学院	脑瘫儿童康复服务学习 结合科目：全人教育义工服务	张列妮	• 协助老师为脑瘫儿童上课，陪伴儿童做康复训练 • 为脑瘫儿童家长成立主题活动小组
	珠海市金鼎中学经济困难学生资助计划 结合科目：全人教育义工服务	罗卓衡	• 通过走访困难学生，了解农民工的家庭状况和子女教育状况 • 反思社会问题及提出解决问题的建议
	艾滋与我 结合科目：全人教育义工服务	杨荣臻	• 培训30名大学生作为预防艾滋病参与式同伴教育的培训者 • 大学生助教前往与我校有长期稳定合作关系的珠海市金峰学校，为该校近120名初三（大多数为外来务工人员子女）学生做1小时预防艾滋病参与式同伴教育培训

续表

学校名称	试点项目名称	负责老师	项目特色
珠海城市职业技术学院	三板小学携幼出游项目 结合科目：服务学习	林浩贵、林海玉、陈倩羽	• 开阔三板小学生的视野，组织三板小学学生开展珠海一日游活动

中国服务研习推广计划·教职员调查问卷（前测及后测问卷内容一致）

中国服务研习推广计划·教职员前测调查问卷

香港岭南大学服务研习处希望了解本计划对各参与教职员的影响，请阁下协助完成以下问卷。如对是次研究或问卷内容有任何疑问，请与香港岭南大学服务研习处联系。

姓名		
所属学校	• 中山大学 • 华南理工大学 • 北京师范大学－香港浸会大学联合国际学院	• 珠海城市职业技术学院 • 华南师范大学 • 广西医科大学

第一部分：教与学

请选出你对下列陈述的同意程度，1 表示非常不同意，10 表示非常同意。

在我任教的科目中，										
1. 学生能够将课堂所学知识应用到日常生活之中	1	2	3	4	5	6	7	8	9	10
2. 学生清楚地了解讲课内容及阅读材料	1	2	3	4	5	6	7	8	9	10
3. 我认为若投放更多时间在课堂讲课而不是社区服务上，学生学习效果会更佳	1	2	3	4	5	6	7	8	9	10

续表

在我任教的科目中,										
4. 学生的学习经验对他们日后的专业发展大有帮助	1	2	3	4	5	6	7	8	9	10
5. 我的授课模式有助于学生有效学习	1	2	3	4	5	6	7	8	9	10
6. 我和我的学生关系良好	1	2	3	4	5	6	7	8	9	10

第二部分：社区参与

请选出你对下列陈述的同意程度，1 表示非常不同意，10 表示非常同意。

1. 我意识到校园附近的社区需要	1	2	3	4	5	6	7	8	9	10
2. 我重视与社区伙伴合作的机会	1	2	3	4	5	6	7	8	9	10
3. 教职员是学生参与社区服务的典范	1	2	3	4	5	6	7	8	9	10
4. 我能够向社区传达我的意见	1	2	3	4	5	6	7	8	9	10
5. 我和我的社区有紧密联系	1	2	3	4	5	6	7	8	9	10
6. 我有责任服务我的社区	1	2	3	4	5	6	7	8	9	10

第三部分：个人及专业发展

请选出你对下列陈述的同意程度，1 表示非常不同意，10 表示非常同意。

1. 我了解自己在专业范畴的强项及弱点	1	2	3	4	5	6	7	8	9	10
2. 我对自己的学术专业发展定位清晰	1	2	3	4	5	6	7	8	9	10
3. 即使与和我意见不同的人合作，我也感到轻松自在	1	2	3	4	5	6	7	8	9	10
4. 我察觉自己对某些人/事的偏见	1	2	3	4	5	6	7	8	9	10
5. 我的领导能力优越	1	2	3	4	5	6	7	8	9	10
6. 透过我的专业，我能够改善社区生活	1	2	3	4	5	6	7	8	9	10

第四部分：对服务研习的了解

请选出你对以下项目的了解程度，1 表示非常不了解，10 表示非常了解。

1. 服务研习的定义	1	2	3	4	5	6	7	8	9	10
2. 服务研习作为教学法的特点与效用	1	2	3	4	5	6	7	8	9	10
3. 服务研习项目中各个组织的角色与责任	1	2	3	4	5	6	7	8	9	10
4. 服务研习的实施程序	1	2	3	4	5	6	7	8	9	10
5. 服务研习中的反思元素及其作用	1	2	3	4	5	6	7	8	9	10
6. 结合学科课程内容与社区服务的方法	1	2	3	4	5	6	7	8	9	10
7. 与社区组织/机构探讨合作的途径和方法	1	2	3	4	5	6	7	8	9	10
8. 开展服务研习的行政安排及资金运用	1	2	3	4	5	6	7	8	9	10

亚洲地区高等院校服务研习相关单位信息（仅为少量范例，以供参考）

地区	院校	部门	网站
中国香港	岭南大学	服务研习处	http：//www. ln. edu. hk/osl/
中国香港	香港中文大学	崇基学院	http：//www. ccc. cuhk. edu. hk/
中国香港	香港理工大学	服务学习处	http：//sl. polyu. edu. hk/
中国台湾	辅仁大学	服务学习中心	http：//slc. mission. fju. edu. tw/
中国台湾	东吴大学	服务学习与生命关怀	http：//vschool. scu. edu. tw/service/
日本	国际基督教大学	Service Learning Centre	http：//web. icu. ac. jp/slc/index_e. html
韩国	Seoul Women's University	Institute of Teaching & Learning	http：//www. swu. ac. kr/english/#
菲律宾	Silliman University	Institute of Service Learning	http：//su. edu. ph/
菲律宾	University of St. La Salle	University of St. La Salle	http：//www. usls. edu. ph/? page =6&
印度	Lady Doak College	Centre for Outreach & Service-Learning Programmes	http：//www. ladydoakcollege. edu. in/
印度尼西亚	Petra Christian University	Institute of Research and Community Outreach	http：//lppm. petra. ac. id/ppm/cop/

附录四

支持发表服务研习相关文章的学术期刊信息

期刊名称
American Journal of Community Psychology
Collaborative Anthropologies
Community Development Journal (Oxford University Press)
Community Works Journal
Journal of Public Affairs
Innovative Higher Education
International Journal for Service Learning in Engineering
International Journal of Public Participation
Journal for Civic Commitment (Community College National Center for Community Engagement)
Journal of Community Engagement and Higher Education (Indiana State University)
Journal of Community Engagement and Scholarship (University of Alabama)
Journal of Community Practice
Journal of Deliberative Mechanisms in Science (DEMESCI)
Journal of Extension
Journal of Higher Education Outreach and Engagement (University of Georgia)
Journal of Public Scholarship in Higher Education
Metropolitan Universities Journal (IUPUI)
Michigan Journal of Community Service Learning (University of Michigan)
Partnerships: A Journal of Service-Learning & Civic Engagement
A Journal of Regional Engagement
Progress in Community Health Partnerships: Research, Education, and Action
Science Education and Civic Engagement: An International Journal
Undergraduate Journal of Service Learning and Community-Based Research

参考文献

〔英〕保尔·汤普逊：《过去的声音——口述史》，覃方明等译，沈阳：辽宁教育出版社，2000。

蔡映辉、周艳华：《大学生公益活动与公益课程育人效果的实证比较》，《教育与考试》2012 年第 5 期。

陈海卿：《心理资本理论研究展望》，《企业经济》2011 年第 1 期。

陈佑清：《两种活动在两类素质发展中的作用及其关系》，《华中师范大学学报》（人文社会科学版）2005 年第 44 卷第 4 期。

陈章明、李经文、马学嘉：《岭南大学服务研习计划：发展策略和成果评估》，《教育曙光》2009 年第 57 卷第 3 期。

《杜威教育论著选》，赵祥麟、王承绪编译，上海：华东师范大学出版社，1981。

冯军霞：《美国高校公民教育中的服务性学习研究》，华中科技大学硕士学位论文，2007。

〔美〕Frud Luthans：《心理资本》，李超平译，北京：中国轻工业出版社，2008。

冯晓玲：《终身教育展望》，《大学》（学术版）2010 年第 9 期。

顾晓波、许玉生：《高校实践教学改革的研究与实践》，《盐城师范学院学报》（人文社会科学版）2009 年第 29 卷第 6 期。

韩晶：《当代大学生参与志愿服务的障碍研究》，《青年研究》2003 年第 1 期。

韩愈：《师说》，《韩昌黎集》，北京：商务印书馆，1958。

何昭红：《大学生就业力自评量表的初步编制》，《高教论坛》

2012年第11期。

胡锦涛：《高举中国特色社会主义伟大旗帜 为夺取全面建设小康社会新胜利而奋斗——在中国共产党第十七次全国代表大会上的报告》，北京：人民出版社，2007。

黄慧：《大学生心理资本与心理健康的相关性研究》，广西师范大学硕士学位论文，2011。

J. P. Miller：《生命教育——全人课程理论与实务》，张淑美等译，台北：心理出版社股份有限公司，2009。

Jonathan Becker：《博雅教育的内容》，岳玉庆、瀛莉华译，《开放时代》2005年第3期。

柯江林：《心理资本：本土量表的开发及中西比较》，《心理学报》2009年第41期。

〔美〕拉尔夫·泰勒：《课程与教学的基本原理》，施良方译，北京：人民教育出版社，1994，第28页。

蓝采风、许为民：《服务-学习在高等教育中的理论与实践》，杭州：浙江大学出版社，2011。

李福春、李良方：《美国高校服务-学习：审视与反思》，《中国高教研究》2013年第5期。

李颖玲：《心理资本理论研究评述》，《科技管理研究》2011年第8期。

《立法会会议席上杨耀忠议员就〈香港高等教育〉报告提出的议案》，2002年6月26日。

联合国教科文组织：《学会生存——教育世界的今天和明天》，北京：教育科学出版社，1996。

梁万福：《香港安老院舍服务需求》，"香港安老院舍服务发展方向"研讨会，http：//www. povertyrelief. gov. hk/pdf/speech20130430. pdf，2013年4月30日。

梁永锋：《"服务研习"运用于人文医学教育的理论思考与实践探索》，《2012年广西人文医学发展报告》，南宁：广西人民出版社，2013。

岭南大学服务研习处：《服务研习计划：岭南模式》，香港：岭南大学服务研习处，2008。

刘霞、孙欣彤：《高校青年志愿者活动的认识及思考》，《山西教育》（教学）2011 年第 10 期。

龙朝晖：《高校教育中实践教育的内容、意义和途径探析》，《中山大学学报》（增刊）1998 年第 12 期。

龙朝晖：《广东外资企业盈亏研究——分析框架、数据、模型与案例》，广州：广东教育出版社，2008。

龙朝晖：《我国高校税收类课程教学模式改革探析》，载中山大学教务处编《教学研究与实践》，广州：中山大学出版社，2012。

龙玉琴：《六千家庭垃圾分类　东湖街试点或推广》，《南方都市报》2009 年 11 月 25 日。

吕兆华：《大学生心理资本与就业力的相关性研究》，广西师范大学硕士学位论文，2012。

《论语》，上海：上海辞书出版社，2003。

《马克思恩格斯选集》第 2 卷，北京：人民出版社，1995。

明军、马世领：《个税税基扩大有利工薪层　富人没理由不交个税》，《国际金融报》2002 年 7 月 18 日。

沈丽娟、吴江武：《提升高校青年志愿者活动质量的几点思考》，《宜春学院学报》2011 年第 33 卷第 5 期。

隋杨：《变革型领导对员工绩效和满意度的影响：心理资本的中介作用及程序公平的调节作用》，《心理学报》2010 年第 44 期。

王波：《中国高校德育教育的几点思考》，《牡丹江大学学报》2013 年第 22 卷第 5 期。

王国轩译注《大学·中庸》，北京：中华书局，2007。

王守仁：《传习录》（上、中、下），上海：上海古籍出版社，1992。

王伟廉：《人才培养模式的顶层设计和目标平台建设》，《教育研究》2011 年第 2 期。

王阳明：《传习录》，《王阳明全集》（上卷），上海：上海古籍出版社，1992。

王英杰：《挑战与应答：当前世界高等教育发展与改革述评——兼谈21世纪大学的理想》，《辽宁高等教育研究》1999年第1期。

西塞罗：《论老年　论友谊　论责任》，徐奕春译，北京：商务印书馆，1998。

西塞罗：《论神性》，石敏敏译，上海：上海三联书店，2007。

香港特别行政区政府统计处：《香港人口推算2012～2041》，http：//www. statistics. gov. hk/pub/B1120015052012XXXXB0100. pdf。

香港特别行政区政府卫生署：《基层医疗指南》，http：//www. pcdirectory. gov. hk/tc_ chi/welcome/welcome. html，2014。

许慎撰、段玉裁注《说文解字注》，上海：上海古籍出版社，1981。

杨光飞、马晓浔：《本土社会企业发展的困境与契机：实践观察与理论思考》，《广州公共管理评论》2013年第00期。

杨叔子：《是“育人”非“利器”——再谈人文教育的基础地位》，《中国高等教育研究》2001年第22卷第2期。

杨叔子：《我们的大学是否在追求失去灵魂的卓越》，《中国教育报》2008年12月19日。

袁金祥：《大学生社会实践育人功能的偏差和匡正》，《现代教育科学》2010年第4期。

〔美〕约翰·杜威：《民主主义教育》，王承绪译，北京：人民教育出版社，1990。

张健、卢振雷、蒋丽媛：《后奥运时代大学生志愿服务调研分析》，《中国林业教育》2010年第3期。

张阔：《积极心理资本：测量及其与心理健康的关系》，《心理与行为研究》2010年第8期。

张敏：《独生子女问题国内研究评述》，《赤峰学院学报》（自然科学版）2012年第28卷第1期。

张汝伦：《莱茵哲影》，上海：上海人民出版社，2005。

赵力波：《人文发展与通识教育问题初探》，复旦大学博士学位论文，2008。

中华人民共和国教育部：《关于实施高等学校本科教学质量与教学改革工程的意见》，2007。

中华人民共和国教育部：《国家中长期教育改革和发展规划纲要（2010～2020年）》，2010。

中华人民共和国教育部：《2011年全国教育事业发展统计公报》，2011。

中华人民共和国教育部：《国家教育事业发展第十二个五年规划》，2012。

仲理峰：《心理资本对员工的工作绩效、组织承诺及组织公民行为的影响》，《心理学报》2007年第39期。

朱熹：《四书章句集注》，济南：齐鲁书社，1992。

朱依群：《学而时习之，不亦说乎——略论孔子教育思想》，《宁波大学学报》（教育科学版）2002年第24卷第4期。

Carver, R. L. 1997. Theoretical Underpinnings of Service Learning. *Theory into Practice*, 36, pp. 143 – 149.

Chan, C. M. A., Lee, W. K. M., & Ma, H. K. C. 2009. Service-Learning Model at Lingnan University: Development Strategies and Outcome Assessment. *Hong Kong: New Horizons in Education*, 57 (3), 57 – 73.

Clark, S. N. & Welmers, M. J. 1994. Service Learning: A Natural Link to Interdisciplinary Studies. *Schools in the Middle*, Vol. 4 (1), pp. 11 – 15.

Dale, E. 1969. *Audiovisual Methods in Teaching*. NY: Dryden Press.

Ehrlich, T. Foreword. 1996. *Service-Learning in Higher Education: Concepts and Practices*. San Francisco: Jossey-Bass, p. Xi.

Furco, A. 2003. Service-Learning: A Balanced Approach to Experimental Education. In *Introduction to Service-Learning Toolkit*, 2nd

Edition. Providence: Campus Compact, pp. 11 – 14.

Glenn, S. J. 2007. *Discover Service-Learning—What is Service-Learning*. National Youth Leadership Council.

Higher Education Quality Committee (HEQC) / Council on Higher Education (CHE). 2007. *Service-Learning in the Curriculum: Lessons from the Field*. Pretoria: CHE.

Jacoby, B. & Associates (Eds.). 1996. *Service-Learning in Higher Education: Concepts and Practices*. San Francisco: Jossey-Bass, p. 20.

Kolb, D. 1984. *Experiential Learning*. New Jersey: Prentice Hall.

Lipka, R. P., Beane, J. A., & O'Connell, B. R. 1985. *Community Service Projects: Citizenship in Action*. Bloomington: PhiDeltal Kappa Educational Foundation (ERIC Document Reproduction Service No. ED 261 968).

Lukenchuk, A. 2009. Living the Ethics of Responsibility through University Service and Service-Learning: Phronesis and Praxis Reconsidered. *Philosophical Studies in Education*, Vol. 40, pp. 248 – 257.

Luthans, F., Avolio, B. J., Walumbwa, F. O., & Li, W. 2005. The Psychological Capital of Chinese Workers: Exploring the Relationship with Performance. *Management and Organization Review*, Vol. 1, pp. 247 – 269.

Moore, M. & Lin, P. L. (Eds.) 2009. *Service-Learning in Higher Education: Paradigms & Challenges*. Indianapolis: University of Indianapolis Press, pp. 45 – 64.

Sheckley, B. G. & Keeton, M. T. 1997. Service-Learning: A Theoretical Model. In J. Schine (Ed.), *Service-Learning: Ninety-Sixth Yearbook for the National Society for the Study of Education*. Chicago: The University of Chicago Press.

United Nations Educational Scientific and Cultural Organization (UNESCO). 1995. *Policy Paper for Change and Development in Higher Education*. France.

后记

本书由香港岭南大学服务研习处的马学嘉博士、陈章明教授以及刘诚、麦梅芳主编。第三、四章收录的文章出自中国不同高等院校的学者之手。第三章包括三篇文章，主要是针对服务研习与当今中国高校教育理念关系的探讨，作者分别来自中山大学、广西医科大学和汕头大学。第四章包括九篇文章，主要是中国高校服务研习案例与实践的分享，作者分别来自华南理工大学、华南师范大学、广西医科大学、中山大学、北京师范大学－香港浸会大学联合国际学院、珠海城市职业技术学院、香港岭南大学。除第三、四章外，本书其余部分及章节均由香港岭南大学服务研习处编辑团队撰写。第三、四章的文章标题及作者详情见下表。

文章标题	作　者
第三章第一节 服务研习与博雅教育的关联和相互促进 ——以中山大学岭南（大学）学院的实践为例	**徐信忠，**中山大学岭南（大学）学院院长，教授，研究方向为金融学 **余立人，**中山大学岭南（大学）学院学生工作部主任，讲师，研究方向为大学生思想政治教育 **何婉文，**中山大学岭南（大学）学院团委书记，助教，研究方向为青年发展
第三章第二节 对服务研习提高医学生综合素质与心理资本水平的探索性研究	**梁永锋，**广西医科大学基础医学院长学制学生工作办公室副主任，讲师，研究方向为大学生心理健康教育与德育 **李毅昂，**广西医科大学学生工作部部长，教授，研究方向为大学生思想政治教育 **王宇清，**广西医科大学组织部副部长，副教授，研究方向为大学生思想政治教育
第三章第三节 公益课程：培养学生社会责任感的课程探索	**蔡映辉，**汕头大学教务处副处长，教授，研究方向为高等教育理论与高等教育管理

续表

文章标题	作　者
第四章第一节　税收宣传咨询，服务社会国家 ——中山大学岭南（大学）学院“税收管理”课程服务研习项目案例	**龙朝晖，**中山大学岭南（大学）学院副教授，硕士生导师 **江萍，**中山大学岭南（大学）学院财政学专业2010级本科生
第四章第二节　做好垃圾分类，践行公民教育 ——华南理工大学垃圾分类服务学习案例	**齐莉莉，**华南理工大学新闻与传播学院讲师，研究方向为国际传播、文化传播、公益传播 **资妍斐，**华南理工大学新闻与传播学院传播学专业2010级本科生
第四章第三节　记录历史，尊重生命 ——华南师范大学麻风病康复村口述史服务研习项目	**韩益民，**华南师范大学历史文化学院讲师，研究方向为历史社会学、公益实践、口述历史
第四章第四节　环境教育，从娃娃抓起 ——广西医科大学“广西少数民族地区环境教育”服务研习项目的实践与思考	**韦雪燕，**广西医科大学讲师，绿色沙龙环保协会指导老师
第四章第五节　学问思辨于笃行 ——中山大学“公益慈善伦理与乡土文化保育”服务研习项目的思考与实践	**王硕，**中山大学哲学系讲师，中山大学中国公益慈善研究院兼职研究员，研究方向为伦理学、公益慈善 **熊寰，**中山大学历史人类学中心讲师，中山大学中国公益慈善研究院兼职研究员，研究方向为文化遗产、博物馆学、古陶瓷研究 **刘海娟，**中山大学哲学系伦理学专业博士研究生
第四章第六节　独立课程，统筹有序 ——北京师范大学－香港浸会大学联合国际学院服务学习特色	**陈家杰，**北京师范大学－香港浸会大学联合国际学院社会工作与社会行政学系教师，全人教育义工服务发展中心主任，研究方向为青少年与家庭关系、青少年社会参与、学校社会工作、叙事治疗 **张列妮，**北京师范大学－香港浸会大学联合国际学院服务学习课程导师（儿童方向），研究方向为社会工作
第四章第七节　服务学习，实践育人 ——珠海城市职业技术学院三板小学携幼出游项目综述	**林浩贵，**珠海城市职业技术学院助教，研究方向为高职院校学生工作 **黄英，**珠海城市职业技术学院副教授，研究方向为高职教育 **霍巧红，**珠海城市职业技术学院讲师，研究方向为职业教育

续表

文章标题	作　者
第四章第八节　基于全校性通识教育核心课程开展的公益学习 ——以中山大学“公民社会与公益慈善”课程为例	**张思璐**，中山大学社会学与人类学学院硕士研究生，中山大学中国公益慈善研究院兼职研究员
第四章第九节　开创先锋，形式多样 ——香港岭南大学服务研习计划的探讨	**香港岭南大学服务研习处编辑团队** **马学嘉**，香港岭南大学服务研习处副总监 **陈章明**，香港岭南大学服务研习处总监 **刘诚**，香港岭南大学服务研习处客席导师 **麦梅芳**，香港岭南大学服务研习处项目主任

图书在版编目(CIP)数据

高等教育新思维：中国特色的服务研习/马学嘉等主编.
—北京：社会科学文献出版社，2014.11
ISBN 978-7-5097-6708-5

Ⅰ.①高… Ⅱ.①马… Ⅲ.①高等教育-研究-中国
Ⅳ.①G649.2

中国版本图书馆 CIP 数据核字（2014）第 262795 号

高等教育新思维：中国特色的服务研习

主　　编 / 马学嘉　陈章明　刘　诚　麦梅芳

出 版 人 / 谢寿光
项目统筹 / 杨桂凤
责任编辑 / 杨桂凤

出　　版 / 社会科学文献出版社·社会政法分社(010)59367156
　　　　地址：北京市北三环中路甲 29 号院华龙大厦　邮编：100029
　　　　网址：www.ssap.com.cn
发　　行 / 市场营销中心（010）59367081　59367090
　　　　读者服务中心（010）59367028
印　　装 / 三河市尚艺印装有限公司

规　　格 / 开　本：787mm × 1092mm　1/20
　　　　印　张：10.2　字　数：174 千字
版　　次 / 2014 年 11 月第 1 版　2014 年 11 月第 1 次印刷
书　　号 / ISBN 978-7-5097-6708-5
定　　价 / 49.00 元